成功家教
直通车

U0619075

登着故事的阶梯进

哈佛

胡宗秀 编著

哈佛不仅是一所世界名校，更是
激发孩子雄心的一所精神殿堂。

煤炭工业出版社
·北 京·

图书在版编目（CIP）数据

登着故事的阶梯进哈佛／胡宗秀编著. －－北京：
煤炭工业出版社，2014（2017.4重印）

（成功家教直通车）

ISBN 978－7－5020－4477－0

Ⅰ.①登… Ⅱ.①胡… Ⅲ.①家庭教育 Ⅳ.①G78

中国版本图书馆 CIP 数据核字(2014)第 063197 号

煤炭工业出版社 出版

（北京市朝阳区芍药居 35 号 100029）

网址：www.cciph.com.cn

北京一鑫印务有限公司 印刷

新华书店北京发行所 发行

*

开本 720mm×1000mm¹/₁₆ 印张 12

字数 212 千字

2014 年 8 月第 1 版 2017 年 4 月第 2 次印刷

社内编号 7309 定价 23.80 元

前　言

　　每个人都有自己的梦想，并让自己成为别人的梦想。或许在这个过程中你会遭遇各种各样的难题，但是，请不要畏惧过程中的坎坷。就像电影《当幸福来敲门》里所说："你要尽全力保护你的梦想。那些嘲笑你梦想的人，因为他们必定会失败，他们想把你变成和他们一样的人。我坚信，只要我心中有梦想，我就会与众不同，你也是。"

　　能考取名校，是无数年轻人的梦想。能到哈佛大学读书，一定是年轻人梦寐以求的事。作为一座拥有三百多年历史的世界名校，哈佛在人们的心里已经不仅仅是一所高等学府，还是一座精神标杆。当我们仔细分析哈佛精英们的成长历程时，不难发现，在他们的孩童时代，并没有显示出特别之处。而后天的经历和教育使得他们渐渐与众不同，并且脱颖而出。可见，后天教育深刻影响孩子的成长。而抽象的教育理念并不能够带来切实可靠的教育效果。授人以鱼不如授人以渔。哈佛毕业生、著名的哲学家和心理学家威廉·詹姆斯曾经说过："就培养自主与动力思想的温床而言，除了哈佛大学，无出其右者。哈佛的环境不只允许，而且鼓励人们从自己的特立独行中寻求乐趣。相反的，如果有朝一日哈佛想把她的孩子塑造成单一固定的性格，那将是哈佛的末日。"直到今天，学会并坚持独立的思考依旧是哈佛人的哲学。发现自我，培养并坚持独立思考，这就是哈佛人成功的要义所在。

本书是以哈佛大学的教育理念为核心，通过分析和总结哈佛精英们的教育精华，用讲故事的方式，把枯燥的教育理念和精彩的人生故事结合起来，把抽象的哈佛精神具体化，在轻松的阅读中收获人生哲学。本书按主题结构单元，分别从与自己相处、与人相处、学习方法、情绪管理、培养好习惯、教育方法六个角度进行探讨，用96个短小精悍、饱含哈佛智慧的故事来对哈佛的素质教育理念进行解读。每篇文章在1300字左右，由1200字的文章和100字的"感悟"两部分组成，希望在读者阅读之后能获得一些启发。无论是单纯的阅读，还是积累写作素材，都可以在书中得到意想不到的收获和满足。

梦想就在自己脚下，成功并非遥不可及。一代代成功的哈佛人用他们的行动告诉我们：观念决定行动，而行动改变未来。每天一篇小故事，在阅读中感受哈佛教育的力量，在行动中创造未来。相信每一个孩子都是独一无二的花朵。

期待你——登着故事的阶梯进哈佛！

目 录

1

第一章
让孩子认识自我

　　人该如何自处？如何和自己成为好朋友，相处得更好？也许你会觉得这是个奇怪的问题。可是，先不要着急否定。回想一下我们的生活，是不是有那么几个瞬间，你觉得自己很平庸、对自己很失望？每个人的心里都有两个小人，一个是快乐的天使，一个是负面的小恶魔。当小恶魔趁着外界压力太大冲出来兴风作浪的时候，不要害怕。你要相信，自己是独一无二的，自己可以战无不胜，所有的恐惧都来源于自己。如果生活是一场战争，那就勇敢地战斗到底吧！

一、不是公主也可以精彩

　　小时候的故事，往往成为难以磨灭的记忆。有这么一件事停留在伊莲的脑海中，影响了她的一生。

　　小学的时候，伊莲在一次年级表演节目中被选为公主这个角色的扮演者。她兴奋了很久。为了这个令她感到骄傲的任务，她不断在家里练习人物的台词、表情、动作，也在心里不断想着自己在台上光鲜靓丽的样子。

　　她对自己非常有信心，可是让人感到挫败的事情发生了。只要是在班上进行排练的时候，伊莲就非常紧张，常常做不好自己应该做的动作和姿势。在家中自己练习时候的顺利和成功，搬到舞台上，顿时就变成了紧张、害怕、无所适从，有的时候，连台词都忘得一干二净，脑海中一片空白，伊莲对自己要求越高，越紧张，越无法完美地表现自己。

　　最终老师很无奈地选择更换角色，她口吻轻柔，也没有对伊莲大吼大叫，可是伊莲被老师换为旁白者的那一刻，眼泪夺眶而出。她看到自己的角色被其他女孩子换上，心如刀割。而那个女孩，在舞台上几乎是天生的公主，艳光四射，让伊莲连嫉妒的理由都没有。她很难过，她只能在心里默默责备自己，是自己表现不够好，才失去了这么好的机会。

　　伊莲回到家里，吃饭的时候不再和妈妈叽叽喳喳，也不笑，耷拉着小脸儿一副很失落的样子。在妈妈的循循善诱下，伊莲终于将在学校发生的一切跟妈妈讲了。可是妈妈什么也没说，伊莲心想，妈妈都不安慰一下自己。

　　吃完饭后，妈妈对伊莲说："伊莲，我们去后院散散心好吗？"伊莲答应了。

　　妈妈拉着伊莲的小手，问她最喜欢什么花。

伊莲说："当然是玫瑰花了，妈妈。"

妈妈说："那好，我们把所有的玫瑰花都留下，把它周围所有草啊小野花啊的，都摘掉好不好？"

伊莲很吃惊："不要呀妈妈，我很喜欢二月兰。而且，如果把所有小草都拔掉，会很丑的。"

妈妈又问："那么，是不是玫瑰花自己也不会好看了呢？"

伊莲想了想："是的。它如果光秃秃的，肯定不好看。"

妈妈笑了："伊莲，公主就是玫瑰花，而你们则是不可缺少的小草和二月兰，如果只有公主，没有你们，这台戏也唱不成，你说对不对？公主就变成了光杆司令啦。"妈妈开着玩笑。伊莲也被逗乐了。

妈妈又说："世界上不能所有人都是公主，可是也没人说不是公主就不能精彩。这世界是多彩的，不只有一种颜色才漂亮，是所有这些颜色组成的彩虹，不是吗？"

伊莲慢慢点了点头，她还不能完全理解妈妈的意思，可是她已经不再难过。她开始苦练旁白。令人惊奇的是，伊莲的旁白非常有意思，她会学小狗的声音，能装管家的声音。

在学校演出中，伊莲的旁白屡获掌声，把舞台上的大家都带动了，演出获得圆满成功。演出完毕，大家都对伊莲佩服得五体投地，老师也欣慰地摸着她的头。伊莲脸上绽放出了可爱的笑容。

精彩点评

在一个集体中，或者说，在这个世界上，为了成为主角或者自己心目中的自己的人，非常多，可是能够成功的，未必很多。做不成"公主"或者"王子"的人，难道就没有退路了吗？能够面对真正的自我，也是一种勇气。这不叫退缩，而是适应自己，和自己做更好的交流，能够在自己的领域内，造就更完美的自己，成为自己的"公主"。其实人生中，最重要的事情不是你去成为谁，而是你能成为你自己。很多哈佛人都有同样的感受，当你追逐成为某个角色时，你求之不得；当你沉静下来，历练自我，往往收获的不止你刚开始想要得到的那么一点。

二、没有"自知之明"的继承人

苏格拉底，古希腊伟大的哲学家，在其生命的最后，留给我们一个这样的故事，这个故事应该在我们的心中警钟长鸣，告诉我们时刻相信自己的实力，不要妄自菲薄。

苏格拉底风烛残年的时候，他开始思考从自己的徒弟中，找一个靠得住并且拥有大智慧的人来做自己学术的继承人。

他在自己的助手中选择了非常不错的一个，把他叫到自己的枕畔。

他对助手说："我已经没有多久的生命了，在我生命的最后，我仍旧希望我的思想之火能够代代相传，就算我的生命之火熄灭，我的理论财富，我的思想哲学，仍然需要人来帮我续传下去。"

助手聪明灵慧："我知道了，您想让我帮您物色一个优秀的继承者。"

苏格拉底点了点头："是的，我需要这样一个人。然而我现在的样子，是没法自己去找了，只能请你帮我去物色。我希望这个人，勇敢，机智，勤勉，好学，领悟力快，有能力有热情，能够终其一生有活力去解决生活中的哲学。你帮我去好好寻找一下吧。"

助手非常恭敬："知道了。我非常了解您迫切的心情，这样的人的确很难找到，但是我一定会尽快找到的。请您放心。"

可是助手找了很久，也没有遇到这样一个人，他心中充满了焦虑和急切，眼看着苏格拉底一天天衰老瘦弱下去，可自己却连继承人的影子都没见到。他每天在街上与人聊天，走进每一家学院找学员问话，可是没有一个人，达到了他心目中苏格拉底能够承认他的标准。他急得焦头烂额。

苏格拉底看在眼里，却什么都没说，也并不急于去催促助手。助手看到苏格拉底竟然不闻不问，觉得苏格拉底一定是对自己非常失望，已经不抱着能够找到继承人的希望了，已经放弃了。他非常难过。但是，他还是坚持每天去做那些事情，力图能够找到那个符合标准的人。他相信只要寻找，就能够找到。虽然暂时不能把那个人带到苏格拉底眼前，让苏格拉底知道自己是在坚持，在努力的，总是一件好事。他应该也会欣慰一点吧。

终于有一天，苏格拉底进入了弥留，他把助手叫了进来，说有些话还没有对他说。助手小心翼翼走进了苏格拉底的房间，心痛无比。

"对不起。"助手带着负疚感说道，"我找了很久，跑遍了所有能去的地方，我始终找不到所有条件都符合的那个人，我让您失望了。"助手说完，惭愧得泪流满面。

苏格拉底长叹一口气："我是很失望，但你对不起的却不是我，而是你自己。你难道就不知道，我那些条件，说的就是你身上的优点。你真的一点点都没有感觉到吗？你除了不够勇敢以外，符合了我的每一个条件。"

助手吃惊得嘴巴都合不拢，一句完整的话都说不出，只能在喉咙里发出破碎的惊呼。

苏格拉底又说："我不能选一个连自己都不信任的人来做我的继承者，你很好，可是你不够勇敢……"

助手的眼中留下了悔恨的泪水，可是后悔已经来不及了，苏格拉底永远地闭上了眼睛。

精彩点评

我们每个人都被教育过，人要学会谦虚，学会谨慎做事。可是往往有些时候，人应该有适度的自信和勇气，去毛遂自荐，去相信自己的实力是可以做到某件事的。哈佛的精神中，培养和希望每个学子，都能够把握机遇，相信自己。当机遇来临，要敢于为自己出击，要敢于了解一个强大的自我，并勇于信任自己的能力。这样，才能把握机遇，成就自我。

三、不穿制服的工人

试想一下，如果一个工地上的工人全部都穿着统一的制服，你会对其中的任何一个印象深刻吗？同理，如果你和其他所有的人的表现都是一样的，会有人注意到你吗？显然不会。

在每个工地上，都会发放统一的制服，不穿制服工作的人也许会被视为不遵守规则。而大多数人显然都是想要踏踏实实工作的人，只要能够拿到自己应得的工资，就算每天穿着同样的衣服，做着同样的事情，日复一日，年复一年，也没有关系。

有这样三个工人，他们都是大家公认的模范工人，踏实肯干，勤劳勇敢，每天兢兢业业地上班工作，从来不偷懒怠懈。唯一的区别就是，其中有一个工人总是不穿工地上统一发放的制服。刚开始包工头说过他几次，但是见他屡教不改，又因为他的工作质量实在太好，不舍得辞退，只好睁一只眼，闭一只眼，任他去了。

多年以后，这三个同样认真的工人的命运却各不相同。那两个总是穿着制服的工人，一个成为了新的包工头，另一个则干到期满退休。而那一个唯一没有穿制服的工人，现在则成为了一家建筑公司的老板。

是什么造就了他们不同的命运？显然，是他们不同的态度。那个已经退休了的工人显然是一个安分守己的人，从来没有什么远大的抱负，只是平安认真地生活就好；而那个成为包工头的工人显然比退休的工人多出一股闯劲，但是这股劲儿并不如最后成为老板的那位工人。因为最后成为老板的人从一开始就没有打算只当工人。

同样的事情也发生在我认识的一个包工头承包的工地上。那天，一个在路边行讨的小乞丐在那个包工头例行公事地给他钱之后并没有立刻走开，而是询问他有什么办法让他不再这样下去，而是成为一个像包工头那样小有成就的人。这个包工头指着远处工作的一群工人说道："你看看那边的人，你对他们有什么印象？"小乞丐看了一会儿，说道："他们都穿着一样的衣服，我根本分不清他们……倒是那边有一个穿红衬衫的，我看他干的特别卖力。"

包工头笑笑："没错。这些工人总是穿着一样的衣服，我每天看到的都是这样的衣服，甚至连他们的脸都记不住，更别说特别注意某一个人了。可是那个穿红衬衫的就不一样。就是因为他的这件衣服，我才会注意到他每天起早贪黑，认真踏实地干活。并且我马上就要提拔一个工人做监工，他是最合适的人选。"

小乞丐听得很认真，但是仍然显得很迷惑。

包工头耐心地跟他解释："想要做一个有成就的人，就要和别人不一样，只有脱颖而出，别人才会看到你，明白吗？"小乞丐似懂非懂地点点头。

我们经常性地认为工人并不是多么好的工作，殊不知，只要能够在一群人中突出自己，无论做什么行业，都是有机会成功的。

精彩点评

其实这是一个很普遍的道理，如果你可以在一群人中脱颖而出，毫无疑问你将是会被注意到的那一个。哈佛的学子能够闯出一片天地不仅仅是因为他们出身名校，更是因为他们懂得如何突出自己。其实这个小故事里说的突出自己的外形，只是最浅显的方法，我们如果想要在各种各样的机会中突出自己，就要具备更加出色的能力。相反的，就算我们具备了非常优秀的能力，如果不懂得抓住机会，突出自己的优势，也是无法成功的。因此，掌握"突出自己"的这项技能，在每个人的人生中都是十分重要的。

四、清洁工的观光电梯

每当我们想要装修房子的时候，总会找来设计师、工程师，因为他们的专业就是装修房屋，这是他们最大的能力。我们通常认为，一个人的专业水平是外行人无法超越的。因此人们在自己熟知的领域总是表现得自信满满。可是如果过于自信，就会妄尊自大。人们往往在无法清楚的认清自己的能力时都会出现这样的情况。这个时候，往往是那些"非专业"人士能够使人醍醐灌顶，得到新的启发和对自己新的认知。

这世上许多专业领域的创新就是这样来的，比如如今大家常坐的观光电梯，它的来源也有一段曲折的小故事。

在一个繁华的小镇里，有一家镇上最好的宾馆。这个小镇的繁荣吸引着来自全世界各地的游客，所以这所最好的宾馆每天都是人满为患，生意异常红火。只是美中不足的一点是，这家宾馆因为建成的时间早，因此没有电梯。顾客进进出出都要从楼梯上下，不仅有许多顾客抱怨游玩了一天还要爬楼梯太累，而且这种情况几乎每天都会造成楼梯间的拥挤。

宾馆的老板十分发愁，因为已经有许多客户向他投诉，几乎所有的人都在建议他在宾馆内部建一个电梯。老板思前想后，觉得宾馆的盈利十分可观，建一个电梯也未尝不可。

于是老板着手建造电梯的相关事宜，他先是请了这个镇上最具盛名的建筑师和工程师，又通过别人的推荐从外地请来了一位非常优秀的设计师，请他们一同去宾馆商量如何建造电梯。

这三位专业能力非常优秀的人在宾馆上上下下地研究了一天，终于达成一致，设计出一个非常完美的方案，三位专业人士都十分认可这个方案，可以说这是他们设计过的关于电梯的最佳方案了。

他们自豪的将这个方案告诉了老板，老板虽然也觉得是非常好的方案，只是更担心施工的问题。工程师对他保证不会有任何问题，但是因为这个电梯要安装在宾馆内部，必须要让宾馆停业半年，保证工程的完整实施。老板一听便立刻拒绝，这时正是游客众多的时候，如果停业半年，先不说造成的损失是不可估量的，来镇上游玩的旅客一时间也找不到更加合适的住处。老板要求他们想一个别的办法，三人却执意要这样做，并一再声明他们是专业的，不会再找到比他们这个更好的设计方案了。老板一时陷入了犹豫中。

这时一直在一旁一边打扫卫生一边听他们说话的清洁工开口了："我说，你们要是在这里面安电梯，我每天干活岂不是要累死？"设计师轻蔑地看了他一眼："你就是个清洁工，只管好你的卫生就行了，我们的事你不懂。"清洁工嗤笑一声："我看你们的头脑也没有聪明到哪去，要是我的话，我就直接把电梯安在宾馆外面。"

三位"专家"听了清洁工的话恍然大悟，直呼太妙，立刻上前去跟清洁工道歉，并感谢他为建筑业带来了新的想法。自此之后，建造在大楼外部的观光电梯便渐渐风靡了起来。

所以，你看，并不是所有优秀的创意都出自专家之手，因此，要对自己有一个正确的认知，不要太高看了你的专业能力。

精彩点评

这世上的许多事，都是"当局者迷，旁观者清"。当你非常熟知某一领域的时候，你反而会陷入死胡同，找不出新的方法来进行继续研究。这时候，往往需要"业外人士"来一语道破梦中人。就算是哈佛，虽然培养出许多专业领域的人才，但是他们也会遇到各种瓶颈。但是他们会积极地汲取别人的意见，力图做到更好。每个人在自己擅长的领域中，总会遇到这种瓶颈或是自满的时期，这个时候，最好能虚心听取别人的意见，而不是一味的自大。如果能够做到这一点，才能在自己擅长的领域走得更远。

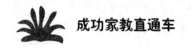

五、"神树"与松鼠

如果包扎好的伤口恶化了，你是选择忍痛也要治好它，还是因为害怕面对所以选择无视它？如果无视它，无疑会造成非常严重的后果。然而，即便如此，还是有些人明知后果，却还是选择一意孤行，捂着已经发炎的伤口，不愿面对它。

有一个农场主的农场之中长着一棵无比高大的树，它巨大的树根枝节交错，粗壮的树干和茂盛的树叶，给人一种遮天蔽日的感觉。这个农场主一直以拥有这棵树为豪，他认为，这棵树长在他的农场里，仿佛直入天际，就说明他的农场受到了神的庇护，这棵树会屹立万年而不倒，世世代代地守护着他的农场。

每一个经过他的农场的人第一眼都会看到这棵树，并且无一例外地对它赞不绝口。农场主因此更加自豪，他逢人便要吹嘘一番，自己的农场长有一棵世界上最大的树。在这农场周围的人都知道农场主家里有一棵"神树"，对农场主充满了崇拜之情，农场主也整天沉浸在这种自豪感中。

可是有一天，这一切都变了。起因是一只松鼠。

这天农场主一如既往的一边在树荫底下乘凉，一边感叹着树叶的茂盛。这时突然从旁边蹿出一只松鼠，吓了他一跳。这只松鼠蹦蹦跳跳的就钻进了那棵树中去。农场主感到很疑惑。这只松鼠怎么会跑到树里去？这树不是应该很强壮吗？难道还会有洞穴供松鼠容身吗？

农场主抑制不住自己的好奇心，走到树前仔细观察了起来。这一看，把农场主吓出了一身冷汗。原来，这棵树的树干远不如他想象的那样强壮，树干上不只有容纳一只松鼠的洞穴。事实上，整个树干几乎都是可供动物居住的洞穴。因为

登着故事的阶梯进哈佛

这棵树的树干已经几乎被蛀空了。这棵树其实是外强中干，它已经非常脆弱了，也许刮一阵风，就能够把它吹倒。

农场主看到这样的情况，一下子慌乱了起来。他的内心开始了剧烈的挣扎。

毫无疑问，这棵树活不了多久，要不了多长时间就会死去。这种时候最合适的做法就是将这棵树砍掉。可是农场主是一个十分爱面子的人，如果他砍掉了这棵树，他一直靠这棵树建立起的自豪感也会在顷刻间崩塌。他一定会受到所有人的嘲笑，嘲笑他将一棵即将烂死的树当做宝贝一样供着。只是想想别人的眼光他都浑身发抖。

可是如果不当机立断地砍掉这棵树的话，它也一定会自己倒下。到时候，受到波及的就将是自己的房子和亲人了。

农场主着急了半天，也没有想出一个两全其美的办法。他暴躁地吼道："都怪那只松鼠！要不是它，我怎么会心血来潮的来看这棵树！要是我没来看过这棵树该多好啊！"

农场主的抱怨是很可笑的，因为他爱面子，害怕别人的眼光，害怕自己的名誉受损，便将所有责任都推给了一只什么都不知道的松鼠。这种捂着伤疤的做法，最终一定会造成更加糟糕的后果。

精彩点评

必须要揭开伤疤的时候就不要怕疼，否则也许伤口就彻底不可恢复了。一时的疼痛算不了什么，如果为了避免一时的疼痛而造成一生无法消除的伤口，岂不是得不偿失吗？在我们遇到人生中两难的抉择时也是，要当机立断舍弃错误的选择，虽然当时会非常难受，但这是为以后的人生做出正确的抉择和铺垫，确保你的人生会一直走在一条正确的道路上。要将目光放得长远些，如果贪图一时愉快，之后便会得不偿失。这是哈佛一直致力于让自己的学子懂得的道理。

六、最出色的"小狗"

　　珍妮是一个活泼可爱的女孩儿，她从小就梦想着能够做一名演员。圣诞节临近，她所在的学校为了举办圣诞晚会，准备表演一场叫做《圣诞前夜》的戏剧。

　　小珍妮兴奋极了，她自告奋勇要扮演其中的角色。选角色的前一天，珍妮和父母准备了很久，第二天兴冲冲的出发了。谁知她回来时却是一副垂头丧气的模样。

　　爸爸上前去询问了一番才知道，原来这部场戏中只有爸爸、妈妈、儿子、女儿四个角色，而珍妮在里面扮演的是一条狗。珍妮十分伤心，她不仅没有成为演员，反而还要扮演一条狗受尽同学的嘲笑。爸爸安慰珍妮："不要灰心，你要知道，不管你演的是什么角色，只要你认为自己是主角，就一定能做自己的主角。"

　　珍妮在父母的鼓励下振作起来，开始好好准备自己的角色。她给她要扮演的这条狗起了一个亲切的名字：危险。她除了学校发给她的外套之外，还专门去买了护膝，为了在地上爬行时更加轻松。哪怕是在别人问她要扮演什么角色的时候，她也能够很自豪的回答："我扮演的角色叫做危险！"

　　不知不觉中，演出的日子就到来了。珍妮的父母带着许多朋友来观看珍妮的演出。当他们看到演员表的时候都大吃了一惊，原来珍妮饰演的是一条狗，可是为什么她还这么开心？大家怀着不同的心情等待《圣诞前夜》的开演。

　　幕布终于拉开了。先上场的是"爸爸"，其次是"妈妈"、"儿子"和"女儿"。四个人上台之后就坐在道具椅子上开始聊天。这个时候，珍妮扮演的小狗"危险"出场了。

珍妮穿着一身毛茸茸的黄色的衣服，手脚并用的在地上"行走"。她先是打了个哈欠，然后犹豫了一会儿，才试探着迈出脚步。突然，她加快了脚步，一蹦一跳地跑到了壁炉旁边。她在壁炉旁边蜷起身体，还挪动了一下，似乎是在找一个舒服的位置，然后便开始呼呼大睡。这一连串的表演惟妙惟肖，惹得许多观众都捧腹大笑。

接下来，"爸爸"开始讲故事。这个时候，珍妮总是像真正的小狗一样配合着故事的内容做出各种动作。比如说当讲到"万籁俱寂"的时候，珍妮便站起身来四处张望，还不停地转动着头部，仿佛在查看周围的情况；当说到"房顶传来一声响动"时，珍妮倏地向后跳了一步，警惕地望着房顶，仿佛那里有着什么似的。

所有的观众都被珍妮活泼逼真的表演打动了，许多人的注意力完全被珍妮吸引过去了，珍妮赢得了大家对她的喜爱。也是由于珍妮，这场戏在当晚获得了巨大的成功。

虽然珍妮从头至尾没有一句台词，但是她对待自己角色认真的态度和表演，足以将那些饰演"人类"的演员比下去。这一晚，珍妮真正做了自己的主角。

精彩点评

从哈佛毕业的学生感触最深的一点就是，别人怎么定位你无所谓，最重要的是你怎样定位你自己。如果一个人不重视自己，也就不会有人重视你。或许你是在上学，或许已经工作了，或许你认为自己在别人心中是个无足轻重的角色，或许你认为根本没有人会重视你，但是，请千万不要因此就自暴自弃。如果你认真扮演好你自己的角色，也许就会有更多的人注意到你，你会渐渐地成为真正的主角。即使不会这样，也要记住，不论何时，你都是你自己，是你人生的唯一主角。就算没有人当你是主角，你也要在自己的人生里活得精彩。

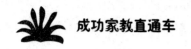

七、最后一位骑手

　　在美国第三位总统托马斯·杰斐逊的人生中，发生过这样一件事，让他从此更加坚定了做一个好总统，为美国国民做出更大贡献的决心。

　　那是一个极其寒冷的冬天，本来用于渡船的河流都结成了厚厚的冰，只有马匹可以在上面行走。

　　有一位老人实在累得走不动了，他在茫茫大雪中失去了方向，只好坐到河边的一条椅子上，等待有经过的骑手能够载他一程。天气实在太冷了，老人的胡子上都结出了冰碴儿，他一直坐在那里，不知道坐了多久，暴风雪覆盖了他的身体，好像都被冻成了一座冰雕。

　　终于，有一队骑手经过了这里。老人看着远处朦朦胧胧骑手的身影，并没有行动。直到那些骑手走到了老人的面前，老人才抬起头来看他们。可是这些骑手只顾走自己的路，几乎没有人注意到快要和雪融为一体的老人。

　　老人面带忧色地看着经过的一个一个骑手，看着他们骑着马匹踏上冰河走远的背影，几不可闻地叹了口气。

　　就这样，一个，两个，三个……许多骑手经过老人身边，但是他们之间并没有任何的交流。就在最后一个骑手快要到达老人身边的时候，老人突然站了起来。他坐了太久，身体又冷又僵硬，几乎都站不起来。那位骑手见状立刻跳下马来扶住老人。

　　老人对这位年轻人请求道："这位小伙子，不知道你介不介意带我这样一个走不动路的老家伙一程，我快被冻僵啦。"骑手慷慨道："当然了，您一定在这里等了很久了吧，快来，先喝口热水。"说着就递给老人一瓶水。

老人喝过水，道了谢，年轻人便扶着老人上了马。他不仅将老人带过了河，在询问下，他还把老人送回了家。

老人热情地请年轻人进屋坐坐，年轻人也不好推辞。年轻的骑手坐下后，实在忍不住心中的疑惑，问道："老人家，我很疑惑，我们明明有那么一大队的骑手，为什么您偏偏挑了我？要知道我可是排在最后一个的。如果我并没有答应您，那您岂不是要在寒冷中一直等待，甚至会有生命危险？"

老人神秘地笑笑，然后郑重地坐在年轻人的对面说道："年轻人，我想我活了这么多年，老骨头一把，对于人性还是有一些基本的了解的。我习惯通过一个人的眼神来了解这个人。虽然在你之前经过了那么多骑手，但是我仔细观察过他们的眼睛之后，发现他们的眼中只有冷漠，就算我向他们提出载我一程，他们也一定会断然拒绝，说不定根本就不会搭理我这个糟老头子。可是我看到你的眼睛，就知道你是不同的。你的眼神柔和，里面充满了善良和友爱。那一刻，我就知道，如果我向你请求援助，你一定会答应我。"

年轻的骑手听了这番话颇有感触，他沉思良久，对老人说道："您的这番话我会一直谨记在心的。我一定不会丢失这种品质，并且在今后的人生中尽可能对需要帮助的人伸出援手。"

这个年轻人就是托马斯·杰斐逊。他是美国历史上非常有名的总统，从这个故事中可以看出，他的美名来自他优秀的品格。

精彩点评

我们常说眼睛是心灵的窗口。如果我们注意观察身边的人，就会发现每个人的眼神中都有着不同的内涵。或者是冷漠，或者是愉快，或者是怜悯。每个人内心的想法都会通过眼睛表达出来。如果你仔细观察，就会发现，从哈佛毕业的成功人士，他们的眼神中永远流露出一种柔和的目光。也正是这种目光为他们赢得了更多的好感。所以，让你的内心变得美好起来吧，否则你的眼中透露出来的负面讯息会让别人远离你。

八、小女孩与天堂鸟

　　人的潜能到底有多少？它会在什么时刻以何种形式被激发出来？也许科学家们一直在研究这些问题。人们也总是很好奇。因为有时候一件明明你以为自己做不到，也是所有人认为你做不到的事，在某一个时刻，突然被激发的潜能就帮助你完成了这件事。这种事情在世界的各个角落都有发生。

　　有一位富翁，40多岁了才有了一个女儿，因此对这个女儿百般疼爱，给她吃好的，穿好的，恨不得把心掏出来对女儿好。女儿也很乖巧懂事，与爸爸十分亲近，一家人其乐融融。可是好景不长。在女孩刚满5岁的时候，不知道因为什么原因，得了一种怪病。这种病使得女孩的双腿完全瘫痪，根本无法走路。富翁心急如焚，召集起了全世界各地的专家来为女儿治病。这些来自世界各地的权威自认为自己的医术是无与伦比的，但是在面对小女孩的双腿时也不禁陷入了沉思。他们根本无法找出病因到底是什么，这似乎是毫无缘由的瘫痪。所有的医生都束手无策。

　　这位富翁毫无办法，他虽然有用不完的钱，但却无法治好女儿的病。但是他不甘心就这样放弃，于是就雇佣了一个保姆，让她贴身照看女儿，富翁带着她们两个到处去旅游，顺便试着再去拜访一些名医。

　　有一次，他带着女儿坐船在水上游玩。这艘船的船主和船主夫人看到小女孩还这么小，就失去了双腿，感到十分的惋惜和同情。船主夫人觉得小女孩很可爱，出于照顾的心情，她一路上都在和小女孩说话，逗她玩。为了让小女孩开心，她还给她讲了一个关于天堂鸟的故事。

这只天堂鸟是船主一次出海的时候偶然发现的，当时它受了伤，落在了船上，船主便给他包扎。也许是为了报恩，那只天堂鸟自那以后就留在船上不走了。那是一只非常漂亮的天堂鸟，它有着颜色绚丽的尾巴，柔顺的皮毛，十分的温顺，乖巧且听话。

　　小女孩一下子就被船长夫人的叙述迷住了，吵着立刻就要去看那只天堂鸟。富翁拗不过她，便答应了。他要求保姆寸步不离地照看着孩子。

　　保姆本来想带着孩子到甲板上找船长，可是船长不在，保姆便让小女孩坐在甲板上乖乖地等着，她则去船长室找人。

　　可是小女孩想要看到天堂鸟的愿望实在是太迫切了，她忍不住对在一边工作的水手说："您能带我去看船长的天堂鸟吗？"水手欣然答应。可是这名水手并不知道小女孩的腿是不能走路的，于是他牵着小女孩的手，示意她站起来跟着他走。

　　也许是因为被这强烈的愿望所驱使，那一刻，奇迹发生了，小女孩居然真的站了起来，跟在水手后面走路。匆匆赶过来的保姆和富翁看到这一幕都大吃一惊，随即喜极而泣。

　　这个小女孩叫做塞尔玛·拉格洛夫。她的成就还远不止于此。她不仅自己治好了自己的腿疾，还成为了第一名获得诺贝尔文学奖的女性。

精彩点评

　　人的潜能真的是一件很神奇的事情。就像有一件事说，一位妈妈为了接住自己从楼上摔下来的幼儿，在 1 秒之内跑过了十几米的路程。通常这种事情的发生，我们称之为奇迹。但是这也不是单纯的奇迹。这是因为一种情感上的激发，促使我们做到了以前想也不敢想的事。哈佛大学始终相信，人的潜能是无限的。因此他们致力于开发每一个学生的潜能，也因为他们的培养造就了一批又一批的人才。你永远都不知道自己下一刻能够做到什么。所以相信自己吧。

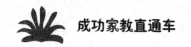

九、哈佛的酿酒人

　　穆图是一个酿酒人的孩子。他们家里的祖祖辈辈都在一个小城镇里的啤酒厂酿酒，可是酿酒这点微薄的收入根本不可能让全家人过上好日子，所以他们家里一直都处于一个贫困的状态。穆图的父亲在他很小的时候就语重心长地告诫他："等你长大了，千万不能像我们一样做一个酿酒人。因为这样会让你的一生都非常贫穷。"

　　穆图渐渐长大，父亲的教诲他一直谨记在心。他一直非常努力的学习，就是希望以后能够考上一所好大学，改变自己的命运，不再做一个酿酒人。终于他以优异的成绩考上了哈佛大学。在大学里，他仍然非常自律，每天都非常认真地学习，为自己的前程拼搏。当他成为了哈佛大学主攻法律和商业的研究生之后，他突然有了一股冲动。他觉得自己这么多年一直在努力学习，却从来没有做出什么实在的事情。他决定进行不同的尝试。

　　毕业之后，他先是当了一名野外攀登教练。5年之后，他又在波士顿的一家商业咨询公司找到了一份工作，每天朝九晚五，规律且枯燥，不过报酬非常丰厚。可是就在这时，穆图陷入了一阵迷茫。难道自己就这样一直到老吗？为什么不去做一些自己真正感兴趣的事呢？

　　有一天穆图在帮父亲整理阁楼时，发现了一张记载着啤酒秘方的纸。父亲告诉他，现在的啤酒里面基本上全是水，只有表面有一层泡沫，已经不能称之为真正的啤酒了。

　　父亲的话启发了穆图，他想，大家喝的都是进口的啤酒，但是其实进口的啤酒都是不新鲜的，甚至变了味的，为什么我们不自己去制造啤酒呢？

穆图有了这个想法之后，就放弃了自己现在的工作，而打算转行做一名酿酒人。他突然发现，其实他一直想做的就是这个。但是当他把自己的想法告诉父亲之后，父亲大失所望："穆图，这是我听过的最愚蠢的决定。"

但是穆图并没有被打击到，他拿出自己这些年来存下的 10 万美元，又向朋友们借了 10 万美元，就开始自己做酿酒的工作。酒是酿好了，可是如何将这些酒推销出去实在是一个大难题。他联系到啤酒的经销商，他们却告诉他："你的啤酒实在是太贵了，而且根本没有人听说过，你的酒是卖不出去的。"穆图听了这话，仔细思考起了给啤酒起名这个问题。他希望他的啤酒有一个响亮的名字。最终，他决定以波士顿倾茶事件中的领导——也是一名酿酒人——的名字命名，就叫：塞缪尔·亚当斯。

接下来，他决定自己去推销自己的酒。他准备了一身正装，还打上了领带，把酒和冰块装在皮箱里，向一间酒吧走去。

穆图向酒吧里的人讲述自己的经历，并要求他们品尝自己酿的酒。一位调酒师说道："小伙子，你的故事令我很感动，可是你的啤酒更让我惊讶，没想到居然这么好喝。"

在这之后，美国的"啤酒节"上，穆图凭着自己的塞缪尔·亚当斯一举斩获了美国啤酒节的最高奖项。

精彩点评

人们常说"三百六十行，行行出状元"。也许人们总是看不上一些工作，就如同杀猪，或者是酿酒。可是一个人如果能在这一行里做到顶尖，将如此平凡的职业发挥到极致，难道不比那些虽然做着"高贵"的工作，但却在自己的岗位上无比平庸的那些人好很多吗？穆图在哈佛中受到的教育无疑是他选择制酒的重要因素。他在这个过程中学会了寻找自己的追求，也学会了认真对待自己的爱好和职业。不要因为别人的职业而差别对待，也许他比你做得更好。

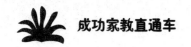

十、勇于拒绝

"芬克斯"酒吧是一家非常不起眼的酒吧，在宗教圣地耶路撒冷。它的面积很小，只有三十平方米。它的内部布置非常老旧，至今依旧保持着开张时的样子。然而，就是这么又小又旧的酒吧，它却连续三年被《每周新闻》选入全球最佳酒吧的前十五位。

之所以这个酒吧如此出名，与一位美国名人分不开。这个人就是美国前国务卿基辛格。

在20世纪70年代，正值冷战时期。基辛格为了世界的和平在世界各地奔走。作为炸药桶的中东自然也少不了他奔走的身影。当他来到耶路撒冷，工作之余，也愿意到大名鼎鼎的"芬克斯"酒吧一坐，感受一下这家酒吧到底有哪些不同。

于是，基辛格亲自打电话到这家酒吧预约位置。而接电话的人，正是这家酒吧的老板，罗斯恰尔斯先生。

基辛格在电话里很亲切地介绍说，自己是美国的国务卿，很想带十个随从到酒吧内小坐片刻，希望届时酒吧老板可以谢绝其他客人。基辛格满以为这是一个小要求，一定能得到满意的答复。结果，他失望了。

罗斯恰尔斯先生毫不犹豫地在电话里谢绝了基辛格的要求，并强调了自己做生意的原则："对不起，先生，我为您将来的光临感到荣幸，但是我不能够谢绝其他顾客，因为你们和他们一样，在我的眼里是平等的客人。况且他们都是我的老朋友了，和您一样，是支持我们这家小店的人。因为您一个人的缘故拒他人于门外，这是我无论如何也做不到的。请您原谅。"

基辛格为罗斯恰尔斯先生的答复而感到震惊。作为一个大名鼎鼎的国务卿，他从来没有遭遇过拒绝。而对方只不过是一个小小的酒吧老板，居然会因为这样的原则问题而拒绝自己。他很愤怒地挂掉了电话。

第二天，基辛格再一次打通了这家酒吧的电话。他先是对昨天自己的失礼做出道歉，继而提出自己的要求：只带三个人，这次只订一张桌子，并且不需要清场，希望能够满足自己的要求。可是，这一次，他依旧得到了拒绝的答复。

"谢谢你，基辛格先生。然而，我还是无法满足您的要求。"店长很平静地对他说。

"能告诉我为什么吗？"基辛格一头雾水。

"因为明天是周六，我们需要休息。"

"可是后天我就回美国了。就破例一次，不可以吗？"

店长回绝了他："对不起，我们是犹太人。对我们来说，周六是个神圣的日子。周六营业是对神的亵渎。"

于是，基辛格先生在回到美国之前都没有机会造访这家小酒吧。

精彩点评

当高官权贵提出不合理要求的时候，我们是不是也能像这位罗斯恰尔斯先生一样，用平等的姿态来面对，有礼有节地拒绝他们的要求呢？有时候，拒绝并不会为我们带来损失，然而我们却愿意在开始时选择低下自己的头，卑躬屈膝地为他们不合理的要求违背自己的原则。拒绝是一门难以掌握的艺术。有时候，拒绝被视为一个不礼貌的行为，然而，在合适情况下，拒绝是一种美德，也是对尊严的一种坚持。

十一、开水中的秘密

爱丽丝的父亲是当地有名的厨师。他做得一手好菜，对自己的女儿也是关爱有加。

爱丽丝厌倦了一成不变的生活，向父亲抱怨自己的不顺。她觉得自己遭遇了人生的瓶颈，诸事不顺，一事无成，前方的道路充满坎坷。她不知道应该如何面对生活中遇到的难题，甚至想到过自暴自弃。因为她已经厌倦了竞争和考验。生活像一场战争，而爱丽丝已经疲于应战。

爱丽丝的父亲把她带到了厨房。他拿出来一根胡萝卜，让爱丽丝用力把它掰断。爱丽丝费了九牛二虎之力依旧无法做到。他又拿出一只鸡蛋，让爱丽丝把它打进碗里。爱丽丝轻轻一碰就把鸡蛋打碎了。父亲又拿出勺子让爱丽丝把咖啡粉放进杯子里。爱丽丝觉得父亲这么做真是太无聊了，拒绝这么做。

父亲微笑着看看爱丽丝，然后烧开了三锅开水。他在第一口锅里放入了一根胡萝卜，在第二口锅里放入了一枚鸡蛋，在第三口锅里放入了咖啡粉。大火继续烧。父女两人看着翻滚的开水，没有说话。

爱丽丝看看三口锅，再看看沉默的父亲，觉得无聊至极。她渐渐地不耐烦起来。

冗长的十五分钟终于熬过去了。父亲关掉三口锅底的火，分别把胡萝卜取出来放进盘子里，把鸡蛋放进碗里，把咖啡冲进杯中。做完这些，他慈爱地看着爱丽丝，期待着女儿能明白些什么。

父亲问："爱丽丝，你看它们有什么变化？"

爱丽丝不耐烦地说："胡萝卜还是胡萝卜，鸡蛋还是鸡蛋，咖啡还是那些咖啡。"

父亲不说话，示意她去摸一下这三样东西。

爱丽丝伸出手摸摸胡萝卜，发现胡萝卜已经变软了。她把鸡蛋打碎，发现鸡蛋已经被煮熟了。当她喝了一口咖啡，尝到的是沁人的醇香。

爱丽丝觉得这是些再平常不过的现象了，用嘲弄地语气对父亲说："这又能代表什么呢？"

父亲耐心地对她说："你看，这三样食物在同样的温度和时间里变得不一样了。原来你掰不开的胡萝卜，现在轻轻一戳就碎了。原本一碰就会碎的鸡蛋，开水煮过之后，里边变得坚韧了。你再看你瞧不起的咖啡粉，它更是把水变成了自己的一部分，成为了香醇可口的咖啡。每一样东西都经历了相同的逆境，但是它们的属性不同，得到的结果就不同。"

爱丽丝明白了父亲的用心，不好意思地笑了。

精彩点评

我们每个人都是社会的一部分，每个人都有自己不同的个性。但是社会是相同的，并不会因为我们的个体差异而改变。在同样的环境里，什么样的人才能成为强者？如何才能在生活这场战争中取胜？当然，面对困难，我们可以选择成为一名逃兵，向逆境投降。也可以选择与生活战斗到底，改变周围的环境，成为勇者。哈佛人之所以能够在竞争中占据先机，很大程度上源于他们不向逆境投降的勇气。那么，是顺其自然、逃避现实？还是勇敢尝试改变现状？你也可以拥有咖啡一样的人生，只要你愿意。

十二、坚持自己的梦想

一部《少年派的奇幻漂流》让华人导演李安拿奖拿到手软，也让世人再一次领略到了思想性与技术性相结合的电影的魅力。然而，就是这么一位两度捧得奥斯卡最佳导演奖小金人的华人传奇式人物成名的过程也并不是一帆风顺的。

李安骨子里是一个很传统的人，他安分守己。可是，他对于读书的兴趣并不大，心中所想，就是成为一名导演。他的父亲是一位很保守的人，希望儿子能够考上大学，成为一位传统意义上的成功人士。可是李安让他失望了。1973年，李安为了实现自己的电影梦想，他和父亲吵了一架，离开家乡到台北进修电影理论。这个决定改变了李安的一生，也让他的父亲为此深感耻辱。毕竟在那个年代，成为一个导演还是一个不务正业的职业。而1978年，李安再一次做出了让父亲愤怒的决定，他离开了服役的国防部，报考了美国著名的电影院校，依利诺大学。这时的他已经在电影行业小有成就。

1984年，李安从纽约大学以第一名的成绩毕业，准备实现自己的电影梦想，大干一场。可是，之前的坚持和努力似乎没有立刻为他带来成效。他的人生跌入低谷。他把自己的剧本投到好莱坞的三十多家公司，可是公司的负责人不停地让他改剧本却没有要开拍的意思。这段悬空的时间里，他做过剧组几乎所有的底层工作：看器材、做剧务、拍小片，但是这些都不是他所擅长的，做得也不自在。后来，他只好出苦力，做场工，帮别人扛东西，可是他又没有足够的气力。他的锐气也在这样的日子里慢慢耗尽。

李安在好莱坞一事无成，做了整整六年的家庭妇男。他的丈母娘甚至对他说：

"你这么会烧菜，我来投资给你开馆子好不好？"锅碗瓢盆和一日三餐的操劳让李安丢失了追求梦想的勇气。他瞒着自己的妻子，在社区报了一个电脑培训班，希望自己能够掌握一门谋生的技能。在他将要去上课的早上他的妻子发现了他的报名表，轻轻地对他说："安，别忘记你心里的梦想。"

正是因为有了这句话，李安继续在坚持自己的电影梦想的道路上前进下去。他在烧饭带孩子的过程中，不忘揣摩电影理论，写剧本。1990 年，他的剧本《推手》获得了台湾新闻局征选剧本的政府优秀剧作奖，很快这部剧本开始投拍。这是李安导演生涯的第一部长片，而这时的他已经 37 岁了。

《推手》一经推出，获得了商业上的成功。此后，李安的执导之路愈走愈坦荡，在"父亲三部曲"之后，走向好莱坞，凭借一部《理智与情感》获得了柏林电影节的金熊奖，并且在当年激烈的奥斯卡角逐中获得了七项提名。……

就像张艺谋导演在 64 届威尼斯影展上曾这样评价他："像李安那样拍中文、英文电影，在东西方世界游刃有余地行走的导演，恐怕华语影坛里只有他一个人。"而这样自由穿梭的技巧并不仅仅来源于他的天赋，更多的是他不懈的努力、对专业技能的不断思考和实践，以及对梦想的坚持。追梦的人永远正青春，坚持梦想的人才能获得梦想的馈赠。

精彩点评

李安说："每个人都会有梦想，但重点是你能不能去实践它，让我们一起勇敢地追逐梦想，改变世界。"我们总是不能停止追寻梦想的脚步，我们也不能忽略在追梦之旅上遇到的坎坷荆棘。当遇到困境的时候，请不要忘记自己为什么而出发。"无用之用是为大用。"只有心中有梦，并愿意为之全力以赴，你会在无用之用中超越自己，如李安一样，获得梦想的馈赠。

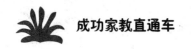

十三、把自己变成南瓜

乔伊十八岁了，他开始像每一个美国刚成年的小男生们一样，开始了自己实习闯荡的生活。

刚开始，他在餐馆工作，作为一个著名大学的毕业生，这点小事完全没有难倒他。虽然他在餐馆做得非常成功，从刷盘子的，逐渐做成了代班管理人，可是这份没有什么挑战性，也比较底层的工作，根本不能满足有野心的乔伊。他非常渴望做些能够体现自己价值的工作，而不是这样，很轻松就能做好的工作，显得自己根本不"厉害"。

因为这样，乔伊辞去了这份兼职工作，去自己专业对口的一家时装公司进行了面试。他的专业是服装设计，他的设计作品在班里是数一数二的，而他的毕业作品，还被一个重大时装节买下去做了时装节的展品之一。他对自己的专业水平非常有信心。而面试也非常顺利。他进入了这家令他魂牵梦绕的时装界高手云集的公司。

开始时他被公司的气派震撼到了，心情非常激动，公司的流水线整齐划一，节奏飞速，所有助手都拿着草样在和今年时下流行的报告作对比，没有人停下脚步看他一眼。他非常开心，想要开始一番事业。他成为了公司总监罗娜的助手，这位女性非常犀利，看待流行的眼神十分独到，他十分兴奋，马上投入到工作中，尽量完美地完成罗娜提出的所有要求和工作。

可是很快的，他发现这份工作对他一个刚毕业的学生而言，难度非常大，罗娜要的资料，罗娜本人的所有私人要求，罗娜一些难以完成的想法，他只能勉强完成，罗娜是个非常严厉的人，常常当着所有人的面大声批评他。他的自信很快就消失殆尽。而这种状态下的他，更难应付工作强度这么大的时装工作。

他只有回家的时候才能和父亲抱怨。

而父亲听了他的经历，沉默了一会，说："你还记得我在你小时候给你讲的南瓜的故事吗？"

乔伊缓缓点头："有点印象，好像说南瓜承受了很大的压力，反而长得更大。"

父亲说："正是这样。那些实验员，用铁丝箍住了南瓜，本以为这么小的南瓜，顶多能承受五百磅的压力，可是后来竟然一点点一路加到了两千磅，南瓜还是承受住了，后来他们开始加固铁丝，怕南瓜把铁丝爆开，等到实验结束的时候，南瓜已经承受了超过五千磅的压力。他们取下铁丝，费了很大力气才打开了那只南瓜，发现它的内部已经长满了密密麻麻牢固硬实的纤维。等到他们挖掘那只南瓜的时候，发现它为了汲取到养分，根茎变得比普通南瓜粗了一大圈，而它的根系，则长满了整个花园的土壤，不屈不挠向每一个可能的方向长去，这简直是奇迹。而我想说，这并不是奇迹，所有的植物受到压迫阻碍的时候，都会因为本性想要活下去，想要成长，而努力把自己壮大。这是非常普通的。"

乔伊开始沉思。

父亲问道："乔伊，我的孩子，告诉我，你为什么离开那个餐馆选择了现在的工作环境？"

乔伊嗫嚅："我想要变得更好。"

父亲说："那么你一开始是那只南瓜，可是你却在承受了两千磅的时候你就承受不住了。你还不如那只南瓜呢。"

乔伊突然笑了起来："爸爸，你太小看我了。"

父亲欣慰地点了点头。

乔伊重整心情，回到了公司。他不断告诉自己："压力越大，努力也要越大。"终于，他的一篇时装评论放到罗娜的桌子上时，罗娜露出了惊喜的眼神。

但乔伊知道，这只是一道偶然的阳光，自己仍旧要继续努力。

精彩点评

大家都有遇到压力的时候，就像植物一样。可是植物在遇到压力的时候，不是选择死去，而是更努力地生长，想要与阳光碰面。所以朋友们啊，请加油。不要在与阳光碰面的前一秒，放弃自己的挣扎。哈佛精神教育我们，在遇到压力的时候，不要放弃，迎难而上，希望的黎明，往往就在最深的黑暗之后，挺过去，成功的就会是你。

十四、机会属于勇者

玛丽是个温柔可爱的小姑娘，可是她有一点不好，那就是非常胆怯，她几乎什么运动都不敢尝试，玩排球怕被球打到，跑太快怕摔倒，体育课是她最讨厌上的课，而老师看到她害怕发抖的模样，也实在没有办法，老师只好叫她开了一个生病证明，然后让她上课的时候只要看着就行了。

但是玛丽非常喜欢看人游泳，她最羡慕的就是小伙伴们能够在清澈的游泳池内玩耍嬉戏。她每次用非常渴望的眼神在一旁看着，但是只要想到自己要在水中，她就打哆嗦，真的连想都不敢去想。

玛丽渴望游泳的秘密，被同班最好的朋友——伊莲娜发现了。伊莲娜在一次游泳课上，欢乐地冲着玛丽摆手致意，突然发现玛丽眼中淡淡的失落，虽然玛丽很快也欢乐地点头挥手，但是伊莲娜知道她肯定也非常想要游泳。

又要上游泳课了，在换衣服的时候，玛丽坐在一旁等着伊莲娜，伊莲娜换好衣服，突然从包里又拿出了一套漂亮的泳衣递给了玛丽。

玛丽吃惊地问："伊莲娜，你这是做什么？"

伊莲娜轻松地说道："我带来给你的。"

玛丽噘起嘴："你知道我不会……我……我不会游泳。"

伊莲娜还是笑着说："我知道，这套泳衣是我这几天翻出来的，是我以前的泳衣，但是因为小了，所以我没法穿，我想起来你比我瘦，你可以穿，反正我不穿，不想浪费，你试试看嘛。"

玛丽犹豫着。

伊莲娜故意噘噘嘴："不喜欢我就收起来。"

玛丽马上说："不，我喜欢，我喜欢。"说着就将泳衣拿起来仔细端详。

伊莲娜偷偷笑了："你快换上，我在外面等你。"

玛丽点点头。当她换好了泳衣，走到泳池边时，大家都开始欢呼，伊莲娜大喊着："玛丽，你很漂亮！"玛丽害羞地笑了。

老师很惊奇："玛丽，你要下水吗？"玛丽刚想摇头，老师又说："你太棒了！你真勇敢！"玛丽不知所措了，她不想让老师觉得她临阵脱逃。

伊莲娜从水里走出来，拉着她的手说："是的老师，玛丽今天想要试试学游泳呢。"

老师很高兴。

玛丽却有点着急："伊莲娜，你知道，我……"

伊莲娜拉着玛丽："注意脚下，从这里的楼梯下来，你看，没有什么吧，不可怕吧，对吧，水才到膝盖，现在，往下继续走走看，才到腰，淹不死的。"

玛丽跟随着伊莲娜的指挥，忍不住开心地笑了起来："真好玩！"

直到浅水区的水淹没玛丽的脖子，她也没感到害怕，一种成功的喜悦以及与水亲密接触的快乐，把玛丽淹没了。她忘记了恐惧，在伊莲娜的劝导下，开始试着浮水。奇妙地是，她发现，水的浮力完全把她托得稳稳的，而"被淹死"，反而成了一件艰难的事情。大家都发现，玛丽天生有游泳的天赋。

玛丽回想起这件事情，常常说："幸亏有伊莲娜，否则，我完全会与游泳这件事失之交臂。我的人生也会苍白很多了。最重要的是，我不光知道了学习游泳需要勇敢，做任何事都一样，我之后，再也没有因为胆怯而不敢做什么了。我尝试各种事情，然后从中得到了很多的东西。"

而现在，她已经成为了当地游泳能手，获得了很多奖杯与称赞。

精彩点评

我们经常以为，只有自己最了解自己，自己觉得不能克服的事情，那一定是做不到的。而事实是，我们只是因为不敢尝试，而错过了许多美好的享受和机遇。这不是说要你做自己一定做不到的事情，而是很多人都可以做到的事情，为什么你要退缩呢？所谓第一个吃螃蟹的人是勇敢的，而后面的人如果不敢吃，岂不是更没有勇气了？拿出自己的勇气，去拥有大家都拥有的快乐和幸福吧。哈佛理念中，并不赞同机会只给准备好的人，往往是那些没有准备好的人，才能掌握住机会，这个意思是，要懂得随时随地接受挑战，有一颗勇敢的心，才能不让机会失之交臂。

十五、看清执着的对象

杰克是一个出色的科学家。他的科研能力很强，人也很自信。他年轻有为，在自己所研究的领域小有成就。他认为自己所研究的方向是独一无二的，并且一定会大有作为，甚至搞不好自己会成为爱因斯坦第二。

他每天都扎在自己所研究的领域里，不在乎周围所有的事。为了能够更加专心地投入到自己的研究中，他从城里搬到了郊外，并且谢绝了所有朋友的拜访。

转眼间，他已经五十岁了，他依旧在自己研究的领域里奋斗着，并且依旧坚信着自己的观点。但是，他的研究很难再有大的突破，他渐渐地焦急起来。他没有家庭，也没有朋友。他承受着自己内心的孤寂和失落。

在他潜心研究的时间里，同领域已经有人对他的研究提出了质疑，并且得出了很多研究资料可以驳斥他的观点。但是，杰克博士总是觉得，自己一定是对的，一定可以找得出材料来驳斥他们。虽然现在找不到，以后一定能找得到。

一天早上，他吃完早餐，从邮差手里接过一封信和一份报纸。原来是他的一位久未谋面的朋友邀请他参加一个世界级的学术论坛，而报纸则是一份普通的学术期刊。

杰克犹豫了片刻，还是决定去参加一下这个论坛。"说不准可以散散心，缓解一下压抑的心情呢。"他这样想。

于是，他买了一张机票，飞到了朋友邀请他到达的地方。

约见的地点并不富丽堂皇，而是一个幽静的大学湖边。在湖水里，漂浮着许多的虫子，它们紧紧抓着浮草不放，即便它们能到岸上，获得更坚实的依靠，它们也不愿意放弃既得的浮草。飞来飞去的飞虫以它们为食。漂浮的虫子们继续奋力挣扎。

"你瞧，多可爱的小飞虫。"杰克的朋友坐在他身边，拍拍他的肩膀，对他说。

"它们为什么不选择放弃这些靠不住的浮草呢？"杰克困惑地看着自己的朋友，说。

"因为它们很执着，觉得自己的选择独一无二，值得托付终生。"朋友学着广告里的语气，笑着说。

杰克也自嘲地笑了。

第二天的论坛上，一直反驳杰克的朋友获得了学科内的大奖，取得了重大学术突破。杰克既难为情又气愤，他在台下看着朋友，眼睛几乎要喷出火来。

朋友在台上发言说："我一直要感谢的人是杰克。如果不是他的研究基础，我也不会有这些发现。我一直期待他能够和我一起研究这个方向，只可惜他只执着于他自己的想法。但是，依旧谢谢他！"

台下响起掌声。

精彩点评

杰克一直在坚持自己，觉得自己的选择正确无比。他几乎拥有了所有成功者该具备的素质：坚持、自信、能力……但是他却忽视了问自己一句：坚持的东西是真的该坚持下去的吗？有时候，为了不该坚持的东西坚持下去，是一出悲剧。它不仅不会让我们获得成功，反而会耗尽我们所有的激情和青春。那么，请在选择坚持的方向之前，先问问自己吧！在梦想实现的过程中，也应该不断拷问自己，是不是走向了歪路，是不是太刚愎自用了？坚持该坚持的，但不要过于执着！

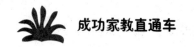

十六、成功并非偶然

时至今日，张艺谋导演已经是一位中国电影标杆式的人物。他电影中的气势万千和纵横捭阖的色彩运用为电影观众和众多国际电影人所称道。而在 2008 年奥运会开幕式上的指导，更是让世人通过他的构思认识了我们这个古老的国度。我们艳羡着他成功，但是我们也应该看到他在取得成功之前所付出的努力，他的成功并非偶然。

张艺谋是北京电影学院摄影系的学生。在他参加高考之前，他已经在工厂里工作了七年。由于"文革"刚刚结束这一特殊的时代背景，他入学之后发现，自己成了学院里的大龄学生。同时学习的人还有年少有成的陈凯歌等人。而来自陕北大地的张艺谋一方面因为年纪大，和他们交流上有代沟；另一方面也因为家庭的贫困和个性上的差异，少言寡语。他总是一个人沉默地来来去去。事实上，他沉默的性格在他小时候就已经形成了。他的父亲在"文革"中被打成了"历史反革命"。他由于外界的歧视，变得沉默、稳重。在他家乡的邻居们眼里，张艺谋也是一个不引人注目的孩子。他不习惯说讨别人欢喜的话，总是"嘿嘿"地笑。但是他的学习成绩非常好，画画也很出彩。

之后的上山下乡教育之后，张艺谋进入了咸阳国棉八厂。在这里，他白天拼命地干活，节衣缩食，有空了就带着八块钱买来的"华山"牌照相机出门拍照。他用这台相机拍下了美景和乡土人情。

"人要有自己的东西。"这是张艺谋的座右铭。他希望自己能够超越这平凡的生活，真正自由地追求自己想要的。他为了能够弥补自己文化课上的不足，他在忙着为生活奔波时，也尽可能多地涉及各样艺术门类，常常忙活到深夜。这时候的他，潜龙在渊。

在恢复高考招生的时候，他的时机到来了。在这之前，他一直沉默着、积攒着。他背起行囊，从自己大量的摄影作品中挑选出六十幅，趁着去沈阳出差的机会，奔赴北京电影学院的考场。然而这一次，命运跟他开了个最后一分钟营救的玩笑。因为超龄他差点与北京电影学院失之交臂。在大学期间，他依旧沉默且努力着。

如果没有之前的长期积累，张艺谋不会有后来的成功。所有的成功都不是偶然的。有谁可以一步登天呢？所有的磨炼与延宕只为成就明日的辉煌。所有秋天的收获都是因为有了春天的播种。为了明天的成功而耕耘今日吧！

精彩点评

当一个人为了一个纯粹的目标而努力奋斗的时候，他一定是世界上最美的人。在他自己的心里，自己也会是最幸福的人。一个人应该先知道自己想要的到底是什么，然后，为了这个人生目标，赴汤蹈火。中间的过程中，别人的看法，外界环境，都是成功的磨炼。试看诸位哈佛毕业生中的成功人士，大多都是拥有一个纯粹的目标，并且付出了不懈的努力才获得成功的。那么，你的目标是什么呢？

第二章
人生的第一课是为人处世

　　"他人即地狱。"这是萨特的存在主义哲学。我们作为一个人存在于这个世界上，自由地选择自己的行为，从而由行为决定了存在的本质。那么，我们会成为一个什么样的人，经历怎么样的生活，都是取决于自己的行为。人在这个社会生存，就免不了和周围的人打交道。如何与周围的人和睦相处呢？也许本章能提供一些建议。

一、看紧你的好意

奉天茶点铺是一家名誉久远的茶点店。和时下各式时髦糕点店不同，奉天茶点铺仍旧保留了老北京的格调与风味，小年轻们喜欢进来尝个新鲜，老头老太太们则在这里找回忆。这家茶点店在鼓楼附近的地皮上，人流繁多，茶点的价格也比较高昂，但这也阻止不了大家对它的喜爱。

每到过新年的时候，整条街都会开始搞特促，商店如此，茶点铺也一样，届时会有很多新品以供新年时期上架，而这些新品都是大家没有吃过的品种，将会有试吃专柜，专门提供品尝，以便大家选择自己喜欢的口味购买。而有一位老爷子，总是在这个时候，挂着拐杖，过来品尝这些新鲜茶点。他举止文雅，穿戴整齐干净，可是从来也没有买过任何一块茶点。

这一年的新年又到了，新上任的茶点经理想要了解一下现在茶点铺运作的状态，他便向各个部门问询工作的情况。当问到试吃专柜的服务员时，他很好奇，会不会有人趁着这个时候来蹭吃蹭喝呢？服务员想了想，想起来那个老爷子。

服务员犹豫了一下："是有这么一个人，他是个看上去年过九旬的老爷子，从前年开始，那时您还没有来，他每年都会在新年试吃开始的时候，过来尝我们新上的茶点。可是他从来也没有买过任何一个。在试吃的期间，他每个星期都会来一次。看上去，他也并没有购买茶点的能力，应该是非常穷困的。"

经理点了点头。

服务员马上又说："不过他吃得也不多，我觉得，能够满足顾客的心愿，让他新年能够过得舒心，也不错，他非常喜欢吃我们这里的茶点，只有新年才会来，也怪可怜的……"

正说着，一个戴着瓜皮帽子，挂着拐杖的老爷子走了进来，他哆嗦着从衣服兜子里掏出一个老花眼镜，仔细瞧着试吃专柜的每一块茶点。他的衣服看上去很旧了，但是却非常干净整洁。

服务员向经理示意，表示正是这位老爷子。经理对她做个手势，叫她赶紧去招待人家。服务员马上走过去，帮老爷子拿他想要品尝的茶点。

老爷子迫不及待地开始品尝，不时说一些评价。

"这个很好，可惜有点硬。""这个也不错，但是太甜了。"他非常认真地评价着，仿佛最后一定会选出一款自己喜欢的买走。

经理看着他的举止和他的穿着，不禁遐想他的身份，应该是一个家道中落的人，可能以前非常有钱的，也很懂得享受生活，可是现在贫穷了，只能借这种时机来品尝自己曾经非常喜爱的食物了。

老爷子品尝得有些匆忙，时不时掏出自己的手绢，擦擦发红的眼眶。

经理非常动容，他走上前去。

"老爷子，非常高兴您喜欢我们的茶点，我可以代表我们茶点铺送您一块茶点吗？"经理如是说。

老爷子停下手中的叉子，默默看着经理，脸上竟露出了抗拒的神色。

他抬起一只手，神色中竟有一丝傲然，他回答道："我不能吃嗟来之食，谢谢您的好意。"

随即他掏出一个破烂不堪的钱包，走到专柜，大声对服务员说："麻烦帮我把这块包上。"

他指着柜里最昂贵的一块茶点。几乎掏光了自己钱包的每一个角落，他才凑足了钱。

他用最后的积蓄，捍卫了自己的尊严。

精彩点评

　　想要帮助别人的心情，总是好的。可是方式却要用对。你可以救助一个贫困的人，也可以扶老太太过马路，而当别人实现奢望的时候给予的同情，相当于施舍，也相当于把人推向一种行乞的境地。看好你的同情，有时候它会折断有气节的人的傲骨。一个合格的人，懂得体恤他人的感情，而不是站在自己的角度认为已经给予了别人多大的好处，这也是作为聪明人，不可缺少的智慧和心性。哈佛培养每个学子，都要他们不仅学习好，更要懂得做人的道理，不仅仅是在为人处世上，更是要懂得每个人的尊严都是平等的。有平等的观念，才能心怀天下。

二、给比尔·盖茨的一美元

一美元，对于一个有着正常收入的人来说，实在不算什么。哪怕现在将一美元放在地上，也许都不会有人捡。可是，并不是所有的一美元都只是代表一美元的意义，它可以包含着更加深刻的内容。

有一位住在乡村的老太太为了看望儿子，专门从偏远的山区辗转坐飞机来到儿子所在的城市。这是她第一次进城，人生地不熟的，只能让儿子来接她。只是到了机场之后她发现儿子并没有按时到，老太太只能暂时不自在地坐在机场里等待。

因为是第一次坐飞机，老太太难免有些紧张，为了缓解心情，在飞机上喝了不少水，此刻坐在机场的休息室，便感到浑身不适，这会儿特别想上厕所。只是没有人陪着她，无法照看她的包裹。虽然里面并不是一些什么非常值钱的东西，但是好歹也是她诚心诚意从老家带来的特产和给儿子的东西，她总是当做宝贝一样地看着，生怕别人偷了去。她不敢离开座位单独去上厕所，只好忍耐着，四处张望着，希望儿子快些到来。

老太太的身旁坐着一位年轻人，他似乎看出了老太太身体的不适，便询问道："需要我为您做些什么吗？我可以帮您看管这些东西。"老太太警惕地看着这个年轻人，心想现在的年轻人不知道可不可信，便拒绝了他。年轻人也没有在意，继续看他的报纸。

老太太一边在心里怪罪着儿子，一边坐立不安地忍耐着。又过了一段时间，她实在是忍受不了了，便对身旁的年轻人说："请您帮我照看一下包吧，我马上就回来。"年轻人爽快地答应了。

老太太回来的时候发现年轻人也没有再看杂志，而是侧着身子对着自己的位置。她心中很感动，为自己之前对这个年轻人的怀疑而感到羞愧，便从兜里掏出了一美元递给这个年轻人："谢谢你，小伙子，这是你应得的。"年轻人有一瞬间的惊讶，便微笑着说了声谢谢，坦然接受了。

这时老太太的儿子也赶了过来，不停地跟母亲赔礼道歉，两人说话之际，儿子看到了站在一旁的年轻人，惊讶地说："盖茨先生！您怎么在这里？"比尔·盖茨微笑着回答道："因为我今天有些事，刚好从这里转机。"

老太太疑惑地问："怎么，你还认识他？"儿子激动地说："就是我经常跟您提到的世界首富，比尔·盖茨啊！"老太太不以为然："我刚刚还给了他一美元的小费呢。"儿子惊讶地看着比尔·盖茨，而对方只是微笑着说："对，我很高兴在机场候机的时候还有一美元的收入。"

也许给世界首富一美元的小费这件事本身听起来有些可笑，但是这一美元不只包含着纯粹的金钱，它更多的是代表了这位老太太对一个专心帮他看包的人的尊重，也是一个愿意专心帮别人看包的人应得的报酬。这种小费的给予并不是单纯的金钱交易，而是一种心灵上的平等与尊重。

精彩点评

很多时候，我们都认为，建立在金钱上的交易从来都是不平等的，因为我们从来都没有平等的看待过它。我们总是抱着谋取利益的目的去获得金钱，却从来没有想过要站在一个平等的立场上去得到它。哈佛总是告诉自己的学生，当你无比在意金钱的时候，它反而不会任你索取，而当你不那么重视它时，它却会在不经意间来到你身边。就像文中的老太太，她虽然只支付了一美元的小费，但是对于她来说，这份小费里包含的是她平等与尊重的观念。而比尔·盖茨坦然的接受了这份谢意，也是因为其中的意义甚至大过那些使他成为世界首富的金钱。

三、"失窃"的金表

在我的警察生涯中，印象最深的是曾经遇到过的一位老警察。他对我们这些新人一向都是严厉的，从来没有和蔼的表情出现在他的脸上。我们背地里总是说他的坏话，对他抱着满腔怨愤。但其实我早该想到，如果你认为一个人只有一种性格，那只能说明你不够了解他。而让我更加了解他的契机，是我们一起办的一件案子。这件案子本身并不是什么特案要案，可是却让我上了人生中宝贵的一课。

当时我们住在一个偏远的小镇上，由他这个"老油条"带着我这个新人"菜鸟"。这个镇上的民风淳朴，但却是一个基督教信徒的聚集地。因为我们两个的宗教信仰都是基督教，因此才被派过来。我心里以为是十分倒霉的，为了印证这种倒霉似的，第一天就出了事。

案发现场明显是自杀，也有充足的理由。男人因为心爱的女人要和别人步入婚姻殿堂，无法承受这种痛苦，便了结了自己。

可是事情并没有这么简单。在基督教中，自杀是因为在上帝面前犯了过错，是为人所不齿的。因为这个男人的自杀，他的家族将得不到别人的同情，他的兄弟姐妹无法与基督徒进行婚姻嫁娶，他的一家人从此会备受歧视。而他的家人们此刻正站在一边，脸色惨白，甚至无法痛快地表达失去亲人的痛苦。

我内心正为此感到惋惜，就听到老警察说："这是一起谋杀案。你们有人看到他的金表吗？"人们纷纷表示太过慌乱，没有人注意到。老警察站起身来："事情已经很明确了，凶手是谋财害命！"家属听到这话，突然放声大哭了出来，其他镇上的人也纷纷前去安慰。老警察走上前去："只要找到金表，一切就真相大白了。"他象征性地又安慰了几句，我们便回了警局。

我沉浸在对他的敬佩之中，果然姜还是老的辣，这么重要的线索被他发现，简直扭转了整个局面。我自告奋勇："那我们接下来要开始审问镇上的人了？"老警察笑而不语，从兜里掏出了一块金表。

我震惊地看着他，脑子一时转不过来。良久才问："你为什么要骗他们呢？警察难道不是要追究真相吗？"老警察便对我说："年轻人已经去了，他的家属不应该因为他的行为而背上沉重的枷锁，他们应该继续正常的生活。"

我不解："可是您这样是说谎啊，这样您也会背上沉重的十字架。"老警察看着我的眼睛，一字一顿地说："一个人的一生是比什么都重要的，不应该被这样的事情毁掉。我相信，如果上帝听到了我善意的谎言，他也会装作不知道的。"

后来，我被调离了那个小镇，展开了新的人生。但是就算是在步步高升的时候，我也没有忘记老警察对我说过的话。我也会学着像他那样处理问题，还给更多人一个圆满的人生。在老警察的葬礼上，我一直在想，此刻，他的灵魂一定无比接近天堂。

精彩点评

我们从小受到的教育就是要诚实，不要撒谎。可是这个世界上有许多事情并不能够按照常理去思考。能够在哈佛中学习工作的人们也并不是从未说过谎，只是他们的谎言是为了让别人更好的生活。如果一味的墨守成规，其实是会伤害到其他人的感情的。诚实固然可贵，可是就像那位老警察说的，难道人的一生不才是最重要的吗？如果撒谎是为了成全一个人更加宝贵的人生，这样的谎言也是一定会得到原谅的。不论你的国籍，肤色，信仰是什么，都会被人理解，因为这是人类共通的天性。

四、两个人的死刑

你对你的朋友有足够的信任吗？如果他托付你一件事，你是否能够完全相信他？如果这是一件要托付性命的事的呢？

相信很多人看到最后一个问题都会望而却步。这世上诚然有许多可贵的友谊，每个人也都有一些真挚的朋友，可是真正信任对方到愿意付出生命的是少之又少。可是，却也不是没有。

有一个口口相传的故事。在很久以前，一个叫杰克的年轻人触犯了法律，被下令处死。但是他一直与母亲相依为命，如果他被处死，母亲便无依无靠。他想在死之前再见母亲一面。国王被他的亲情打动，允许他回家看望，但是为了防止他逃跑，要求选择一个人代替他坐牢，等到他回来。如果他胆敢在路上逃跑，国王就会处死这个人。

消息一传开，大家纷纷议论起来，所有人都觉得不会有人这么傻，去帮人顶死罪，仿佛已经确定杰克一定会在路上逃跑一样。可是仍然有人坚定地站了出来，愿意替杰克坐牢。这个人就是杰克最好的朋友里斯。许多人都劝他，让他不要犯傻，这是很容易就搭进性命的事。可是里斯非常坚定。他坚信杰克一定会回来。

杰克离开之后，人们都在关注着事态的发展。里斯好像一丝压力都没有，因为他相信杰克。可是随着时间的流逝，仍然没有杰克的一点消息，所有人都说里斯受骗了，杰克肯定是跑了。可是里斯从来不为所动，他说，杰克一定是因为在路上遇到了什么事阻碍了脚步，所以才没有及时回来。

转眼间就到了行刑的日子，杰克还是没有回来。里斯被押赴刑场。一路上不停地有人指指点点，对里斯表示惋惜和不屑。惋惜他即将失去生命，不屑他对杰克的完全信任。里斯却很坦然，他一点没有即将赴死的恐惧。他仍然坚信杰克一定会回来，就算回不来也必定事出有因，而且就算是为了他深深信任着的朋友而死，他也死而无憾。

绞刑索已经套上了里斯的脖子，连国王都为这个因为朋友的背叛而不幸死去的青年感到惋惜。行刑的时刻来到，国王挥起手，下令行刑，里斯也闭上眼睛等待自己的命运。

可就在这时，杰克从远处飞奔而来！他边跑边喊："不要行刑！我回来了！我回来了！快住手！"所有人都诧异地看着这一幕，包括国王。没有人想到杰克居然真的放过了逃跑的机会而选择回来受死。

给里斯松绑之后才知道，杰克在路上遇到了暴风雪，阻挡了他的脚步，暴风雪一直下了几天几夜，终于停下的时候，杰克便马不停蹄地赶了回来。里斯与杰克拥抱在一起："我就知道，我信任你是正确的！"

国王十分感动于两人之间的信任，便下令将两人一起放了，还给予了两人许多奖赏。他们两个回到了家乡，一辈子都过得平和幸福。

也许并不是所有的朋友都如杰克这般值得信任，但是有一个全心全意相信自己的朋友无疑是一大乐事。并且这种信任很有可能为你的人生带来更多可能，就像杰克和里斯一样，他们因为彼此之间的信任，保全了宝贵的生命。

精彩点评

因为信任，杰克捡回了一条命，而里斯必定受到了杰克一生的感激。由此可见，信任的意义是非常重大的。有一个值得信任，并且全心信任你的朋友，可以说是人生最大的成就之一。并不是每个人都会有这样的朋友，但是这也正常，毕竟除了父母，几乎没有人愿意为了对方付出生命。但是在日常生活的相处中，适当的给予朋友一些信任，不仅可以对对方产生正面的作用，还可能对自己有更大的好处。哈佛和谐的氛围正是因为这种信任。因为如果你信任别人的话，为了你的这份信任，对方也会用同样的信任去回报你。

五、做个"愚蠢"的人

我曾有一个被视为异类的朋友，他总是做出一些在我们看来很"愚蠢"的举动。这种所谓"愚蠢"的举动，就是不分对象不分情况地给予别人赞美。这种举动甚至让受到他赞美的人感到莫名其妙。

当我们一同坐出租车时，下车之前他总会对司机说一句："非常感谢你，你的车让我们觉得很舒服。"大多数司机都会觉得很奇怪，便反问他为何要这样说。他回答："因为我真心佩服你，在交通状况混乱的时候也能沉得住气。"通常这时司机就会微微一笑把车开走。

不仅如此，就算他在走路时遇到施工工地上的建筑工人，也会凑上去问他们："你们的工作一定很辛苦吧？""这个工程什么时候能完工？"工人们估计在想这人是个疯子，几乎都不理他。但是这个朋友才不会管这些，依旧会说："这么出色的成绩，我想你们一定引以为荣。"然后他便会在工人们惊讶的目光中离开工地。

我经常调侃他说："你也算是濒临灭绝的人类物种了。"他却不以为然。他有自己的一套说法，他总是说，如果他一天能够赞美20个人，那么这20个人也许因为心情不错，再去赞美20个人，这样循环往复下去，就能使人不再冷漠，汇聚成一股改变世界的力量。我不禁嘲笑他："你怎么就能确定每个人都能够接收到你的善意并且对别人保持友善呢？"他便说："虽然我这种做法是可遇不可求的，但是我会尽量的对我遇到的每一个人这样做，总会有人将我的善意传递下去，只要有一点可能，我就不能放弃这样做。"

在他看来，如果他夸奖的人是一个对生活有些绝望的人，说不定他的夸奖能够帮助这个人重拾生活的信心。如果他夸奖的是一个对工作不认真的人，说不定他的夸奖能够让他更加努力的为人服务。如果他夸奖的是一个家庭不太和睦的人，说不定他的夸奖就能够挽救一个家庭。就算没有这样大的帮助，只是说几句这样赞美性的话语，对他自己也没有什么损失，何乐而不为呢。

而对于我这样"社会上的大多数人"，总是被他说成太过冷漠。"就是因为社会上冷漠的人太多，我这样的人才会被说成是异类。"仔细想想，其实他的行为正是我们需要学习的。很多事情，因为我们注意不到，觉得没有必要，或是难以启齿，所以吝啬了我们的赞美。因为大多数人都抱着这样的心态，我们的社会变得越发冷漠了起来。不过因为他的影响，我渐渐地陷入了对这个问题的思考。到底怎么样才是最合适的？不如就尝试着赞美别人？

于是又一天我上班的时候，在路上遇到一位女士，便对她报以微笑。如果她是一位教师的话，也许她的学生今天都会感到如沐春风。这样想着，我便能够鼓起勇气对我遇到的每个人微笑。

精彩点评

赞美不一定需要多复杂，只是一句无意的话，或是一个得体的微笑，就可以很好的达到赞美的效果。当日常生活中与人交往的时候，不要吝啬于用你的眼睛去发现别人身上的闪光点，也不要吝啬于用你的语言和表情去赞美他。只要人与人的相处之间多了一些用心，你就会发现，这个世界远不是你想象的那样冷漠。哈佛的教育理念中就说到，如果你肯对你身边的人报以赞美的态度，这个世界的轮廓在你眼中都会柔和很多。因为大多数时候，别人对你的态度都取决于你对别人的态度。所以，不要吝啬你的赞美，大方地和这个世界打交道吧！

六、10元的汽车

美国商业巨子本·罗伯森是一位拥有 15 家连锁超市的老板，他非常喜欢给别人讲故事。他总是会在给别人讲述的故事中传达一些深刻的道理。

有一个生活穷苦的年轻人，他在一家工厂上班。他每天面对的都是流水线上的工作，乏味又无趣，每天下班回家全身都非常僵硬。可是偏偏他的家离工厂非常的远，每天花在路上的时间几乎有一个多小时，并且因为工厂地处偏僻，要走路去。他每天身心疲惫地下班还要走一个小时的路，这使得他非常想买一辆车。可是一个工人的工资能有多少？买车的梦想只能说是天方夜谭。

偶然一次，他向朋友抱怨这件事，朋友便建议他："虽然你买不起一辆车，但是你可以买得起彩票吧？不如花 10 元买一张彩票，碰碰运气！"

这个年轻人听了之后觉得十分可行，如果成功了，那将是天大的惊喜，自己以后都不用步行上班了，就算没有成功，也只是 10 元的损失而已，不会让人觉得心疼。

他的运气实在是太好了，第一次买彩票居然就中了。他拿着这笔钱，买了他心仪已久的一辆小汽车。从此，他不用再冒着风雨去上班了，也不用每天拖着腰酸背痛的身体还要继续走路。他可以坐在舒适的轿车里，不论何时。

工厂里的工人有车的不多，许多人都非常羡慕他能够开车上班。他对自己的爱车也十分珍惜，每天都要检查有没有掉漆，隔一段时间就要洗一次车，每天都把车内收拾的整整齐齐。

他的生活方式已经完全改变了，原来每天上下班的时间对他来说是一种折磨，可是现在，这成为了一种享受。这可以说是他一天中最舒适的时光了。

可是，也许不是靠自己努力得来的东西不能够长久，有一天，他的车突然被偷了，他挂了失，报了警，却到处都找不到。他不得不恢复了从前步行上下班的疲惫日子。

工人们得知了这个消息之后，都非常的惋惜，也对那个偷车人表示愤怒，他们纷纷安慰这个年轻人，希望他不要太过在意。可是这个年轻人却跟没事儿人一样，做着自己的工作，风雨无阻的上下班，仿佛根本就没有这么一回事似的。

其他工人们都非常担忧他是在故作坚强，就连他的领导也出面安慰他："只不过丢了一辆车，人还是要好好生活，等有机会了还是可以再买一辆的。"

谁知道这个年轻人居然笑了起来："我知道你们都担心我，可是我真的没事。难道你们会有人因为丢了10元钱而痛心疾首，一蹶不振的吗？"大家纷纷表示10元钱而已，当然不会。年轻人说："所以说，我只不过丢了10元钱而已，根本就没有难过的必要啊。"

这个年轻人其实就是罗伯森自己。也正是因为他的这种心态，才能够使他拥有今天的成就。一个心胸豁达，不在意分毫得失的人，是注定会成就一番事业的。

精彩点评

我们日常生活中会有许多这样的失去。可是大部分时间我们都在斤斤计较。哪怕只是丢了1元钱，也许都会难过半天。当然，并不是说钱财可以随意丢失而不用计较，只是一味的沉浸在失去的痛苦中无法自拔的状态是非常不好的。我们大多数人不能够成为像罗伯森那样有成就的人，就是因为我们将大部分的时间都用在了计较得失上。哈佛曾经对自己的学生说过，忽略一次失去，你会得到更多。但是有些人无论失去什么，都无法释怀，这样下去就会完全提不起精神去做其他事情，更别说去创造一番事业了。失去了什么，痛苦一阵就让它过去吧，更重要的是收拾心情准备好迎接以后的生活。

七、别让你的怜悯找错了对象

戴维是一名刚刚毕业的大学生，他毕业于一所名牌大学，学习的是社会学专业。他一直梦想着能够到最有名的慈善机构去工作，因为他认为自己是一个富有同情心的人，一定能够胜任这份工作。于是他一毕业，就向自己心仪已久的那家慈善机构投去了简历，没过多久，便收到对方要求来面试的通知。

去面试的前一天，戴维专门买了新的衣服，力图将自己最好的一面展现给面试官。但是因为晚上太过激动，睡不着觉，导致第二天早上起来得晚了一些。他匆匆洗漱完毕，穿好衣服便带着自己的文凭证书赶去面试。

正走在路上的时候，他经过一家羊肉店，这家店的店主正准备宰杀一只羊。看到这，他不由得放慢了脚步。他的内心正做着激烈的斗争，如果阻止的话，也许他面试就要迟到了，可是如果不阻止，他又实在不忍心看着这只羊死去。

他看了看周围围观的群众，终于在店主将刀刃放在羊脖子上的时候走了过去。他对店主动之以情，晓之以理，极力地想要说服店主不要宰杀这只羊。店主听了他的话，感到很可笑："年轻人，你这样说是完全没有道理的。先不说这只羊是我花钱买来的，我想怎么对它就怎么对它，就算你现在阻止了我，我放了这只羊，但是我总是会再找一只羊杀了的，天底下那么多只羊，你救的过来吗？"

戴维没能说服店主，在周围人群的讪笑中走开了。但是此刻他已经快要迟到了，于是他赶忙跑向慈善机构的大楼。

在大楼的门口有一个衣衫褴褛的老头，他看到戴维跑过来，抓着戴维的衣服想要得到施舍。但是戴维不耐烦地挥开他，急忙跑上楼梯。

即使这样戴维还是迟到了。主面试官显然很不满意。戴维便向他解释，自己是如何在路上看到一个想要宰羊的人，自己又是如何想要救下那只羊。

面试官说道："可是你还是忽略了一个细节，你在楼底下的时候挥开了一个需要帮助的人。"

戴维这才看到面试官办公室里的玻璃，看起来他刚刚的一切举动都被这位面试官尽收眼底。

但是戴维仍然不服气："我之所以选择救羊，是因为那只羊的生命都要没有了。而底下的那个人，即使我暂时不帮助他，他也不至于有生命危险。难道生命不才是最重要的吗？"

面试官回答道："生命的确是最重要的，可是你忽略了一件事。一只待宰的羊的生命是无法挽回的，即使你前去阻止，这也不是你能够改变的事。可是那个老人不同。也许你只是给他一枚硬币，就能让他吃上一顿热乎的饭。可是现在许多人都宁可围绕一只待宰的羊叹息，也不愿去给别人这种默默无闻的帮助。年轻人，只有等到有一天，你能够凭自己的双眼发现这些可以改变的事情，你才能够真正成为这个慈善机构的一员。"

精彩点评

我们在生活中是否总是这样？自己同情心泛滥，去做了一些无用功，还自以为是做了好事。而面对一些真正需要同情心去做的事，反而迟迟不愿动手。这就是现在人们的生活常态。很显然，这种态度需要改变。我们虽然不用做一名慈善家，但是我们要善于用自己的眼睛去发现那些值得我们付出怜悯去做的事，而不是好心办坏事。这样的事无论是对人还是对己，才有着更大的价值。就算是哈佛中也不乏有同情心的人，可是他们懂得将怜悯给予那些真正需要的人和事，这也是他们能够走向成功的一个因素。

八、最优秀的消防员

有一位叫杰米的年轻人，从小的志愿就是能够成为一名消防队员。可是天不遂人愿，他在 20 岁的时候生了严重的病，医生断言他活不过一年。

他的母亲每天以泪洗面，痛苦不堪。即使如此，母亲也希望能够满足儿子最后的愿望。她问杰米："你有什么想要做的事吗？告诉妈妈，妈妈一定想办法帮你办到。"杰米不无遗憾地说："如果说到现在还有什么事能够被称为我未了的心愿的话，那就是我从来没有真正的成为一名消防队员。我真的希望有生之年能够做一回真正的消防队员！"

杰米的母亲听了这话，虽然觉得以杰米的身体状况也许没办法成为一名真正的消防队员，但是她还是希望能够完成儿子这最后一个心愿。

于是她找到了本市消防大队的队长汤姆。众所周知，汤姆是个非常和蔼的人。果然，听过了杰米母亲的叙述之后，汤姆陷入了沉思。最后，他决定完成杰米的最后心愿，让他真正的加入消防队。他对杰米的母亲说："您放心，我一定让杰米在这里做到他想要做的事，这里会给他配备专门的制服和工具，还会让他参加真实的行动，如果他表现得好，还会授予他奖章。"杰米母亲谢过汤姆以后，就回去把这个好消息告诉了杰米。

杰米的精神顿时好了许多，迫不及待地就要去消防队报到。过了几天，汤姆就派了专门的消防车去接杰米，杰米和消防队的同事们坐在一起说笑，丝毫看不出生病的样子。

接下来的一段日子里，杰米过着自己一直想要的那种生活。他与消防队的同事住在一起，每天一起吃饭、工作，很快融入了这个大集体，所有的人都很喜欢杰米。

在消防队的时间里，杰米跟随部队出过好几次火警，汤姆也并没有将他作为一个病号看待，不给他交代任务，杰米每次都会被分到适当的任务，这也让杰米觉得自己并没有被忽略，自己还是有用的。因此他每次都十分认真地完成这些任务，总是比别人速度快，而且效率高。

因为杰米的杰出表现，消防部队授予了他一枚"荣誉消防队员"的勋章。杰米高兴极了，对这枚勋章爱不释手，每天都要拿出来看好几遍，轻拿轻放，生怕有一丝损坏。

可是好景不长，杰米的身体情况还是越发糟糕了起来，不得不回到医院继续住着。不过也许是因为他达成了多年的夙愿，竟然比医生预测的一年多活了好几个月。可是他仍然抵抗不过病魔。

在杰米的弥留之际，他要求再见和他一起共事的消防队员一面。汤姆队长立刻部署了行动，他们从消防大队紧急赶到医院，在杰米的病房下方搭上了云梯，所有人穿着消防服从云梯爬上去，就好像一次真正的消防演习一样。

杰米已经很虚弱了，但他仍然使劲地握住汤姆的手："队长，我……是一个合格的消防队员吗？"汤姆回答他："是的，你是我见过的最优秀的消防队员，那枚勋章就是你的证明。"

听到这句话，杰米终于满足地闭上了眼睛。

精彩点评

对于许多人来说，成全别人的愿望是一件很伟大的事情，也是一件很麻烦的事情。对于汤姆队长来说，他完全可以以害怕耽误杰米病情的理由拒绝杰米母亲的请求，但是他还是接受了。因为他深知，对于一个有愿望的人，不能实现愿望是一件多么残忍的事。哈佛大学告诉自己的学生：能够成全别人的愿望，的确是一件崇高的事，但却不是一件艰难的事。在我们力所能及的范围内，多多帮助别人吧，你会有意想不到的收获。

九、写在墙上的字

一个信差的使命是什么？只是单纯的传递信件吗？如果只是单纯的传递信件，只能说明这个信差做好了自己的本职工作，可是如果他的身上有着更加优秀的品质呢？

有一个信差就认为，信差不能只做传递信件的工作。他坚信，作为一名合格的信差，最重要的，是传递快乐。因此，他在工作的时候总是笑容满面。有时候，收信的家庭被他的笑容感染，也会与他攀谈一番。渐渐地，他了解了许多家庭的情况。这些家庭有些夫妻不和，有些孩子生病，但是也有一些总是十分和睦。

这位信差总想帮帮那些不开心的家庭，于是他想出了一个办法。他买了许多纸张，裁剪成一个个小纸条，写上许多温暖的话语。比如对于总是吵架的那对夫妻，他会给他们一张写着"看看您的丈夫／妻子多么帅气／美丽"的纸条；对于孩子生了病的家庭，他会给他们一张写着"不要担心，一切都会好起来"的纸条；对于不够自信的女士，他也会告诉她们"您今天看起来也很漂亮"；就算是对那些和睦的家庭，他也总是会告诉他们"今天真是一个好日子"。

因为这些字条，这些街坊邻里和信差的关系都十分融洽。

第二次世界大战爆发以后，这位信差因为年纪太大，就没有被征兵入伍。但是他出于自身的天性，总想着能为饱受苦楚的人们做点什么。于是，他自告奋勇申请去一家战地医院，做一些协助护理的工作。

他去了这家医院之后，发现里面的伤病员脸上都死气沉沉。有许多人认为战争永远不会结束，也有许多人认为自己不能活到战争结束。整个医院都笼罩着一种不安和焦虑的气氛。

这位信差想要故技重施，他准备了许多字条，每天遇到一些病人，就分发给他们。可是每天都有源源不断的伤员被运送进来，他的字条根本就不够发。

情急之中，他想到一个办法。他在医院最醒目的一面墙上写下了这样一句话"没有人会死在这里"。这里是进出医院的必经之地，正对着病房主楼，所以他确信每个人都可以看到这句话。

只是看到这句话的人都以为这个信差是疯了，居然会在这种时候写这样的话。可是也有人觉得这个信差实在无聊，索性不去理他。

就这样，这句话被保留下来，一直存在于这面墙上。虽然大家嘴上都说不要管他，可是当每个人经过这面墙，或者看到这面墙的时候，都会不经意的看到这句话。久而久之，这句话在每个人的心里扎根，慢慢发芽，甚至渐渐地影响了每个人的态度。

所有的伤病员们因为谨记这句话，所以好好活着，积极配合治疗，而这里的医生护士们，也因为这句话，尽自己的最大努力去救治伤员。这个医院因为这样的一句话完全改变了，这里的人们也成功地从"二战"中生存了下来。

精彩点评

一个小小的信差就拥有这么大的力量，那些拥有更高，更具影响力的职位的人如果这样做，也一定能获得更好的效果。许多从哈佛毕业的人就因为在学校中受到的教诲，而致力于这样微小的，却能改变别人的事。我们每一个普通人，虽然不用抱着改变别人，改变社会的愿望，但是在适当的时机用一颗善良的心给别人以希望，我想那一定会起作用的。人在困境中最需要的就是别人的肯定与鼓励。为身边的人创造希望，只需要是很小的一件事，也能够重新燃起别人对于自己、对于生活的信心。

十、圣诞老人的女儿

又是一年冬天，和往常一样，纽约的冬天又是漫天雪花。虽然大雪一直下着，没停过，但是纽约的街道上却洋溢着欢乐和喜悦。这是因为圣诞节马上就要到了。家家户户都在忙着准备圣诞节礼物，许多父母背着孩子偷偷去商店里挑选礼物，为的就是给孩子一个惊喜。

可是在人来人往的街道上，却有一个 10 岁左右的小男孩光着脚站立着。他面对的地方是一家百老汇的鞋店。店里点着温暖的灯光，里面有许多人在选购鞋子，当然，大部分是为了准备圣诞节礼物。小男孩看着里面人头攒动，他却只穿着单薄的衣服在外面站着。他根本没有一分钱，他不敢进去那家店，因为他害怕看到别人嘲笑的目光。

可是他仍然不愿意离开，虽然他的身体冻得发抖，但他的眼中闪烁着光彩，他是多么希望能够有一双橱窗里那样漂亮的鞋啊。

经过这个男孩身边来来往往的人群中，有一位女士注意到了他，并且停下了脚步。她看见这个男孩望着橱窗的痴迷目光，好奇地走上前去询问道："孩子，你在这里做什么？为什么不进去？"

男孩低下了头，动了动自己光着的双脚："我……我向圣诞老人许了个愿望，想要一双好看的鞋子。我不知道，他会不会在这些鞋子之中。"

这位女士为之动容，便牵起这个小男孩的手，带着他走进了这家鞋店。店员看到女士，立刻热情地迎上来，当看到女士旁边的孩子时，疑惑地停住了脚步："这是？"

女士对他说："请为这个孩子准备一打袜子，我还需要一个盆和一些热水，最好还有一条毛巾。"店员听到女士的这些吩咐，虽然心中倍感疑惑，却还是照做了。

女士带着男孩进入了鞋店的休息室，让男孩坐在椅子上，她把水放在男孩脚下，脱去了自己的手套，蹲在男孩脚边，把男孩生出冻疮的脚放进热水中清洗。她洗的非常仔细，将男孩脚上的脏污全部都清洗干净之后，又拿毛巾温柔的为男孩擦脚。

做完这一系列工作后，店员拿来了为男孩准备的袜子。女士从中挑选了一双为男孩穿上，接下来她又带着男孩逛遍了整个鞋店，让男孩挑了一双喜欢的鞋子，并且为他买了下来。又把剩下的袜子包起来交给男孩，叮嘱他袜子脏了要换。

店员面带暖意地送这一大一小出了店门。女士摸了摸小男孩的头发，问道："小家伙，你现在感到舒服些了吗？脚还冷吗？下次可不能光着脚站在雪地里这么久了，听到没有？"

男孩认真地点点头，一言不发，只是看着这位女士。女士笑了笑，便要转身离去。

小男孩突然跑上前去抓住女士的衣服，女士转头看他，只见小男孩满脸泪水地问她："您是圣诞老人的女儿吗？"

女士笑着蹲下来对他说："对，回家以后如果家人问起来，就说是圣诞老人托我转达的。"

精彩点评

也许很多人能够做到在别人陷入困境时伸出援手，但是许多人做不到如此真诚。我们可以看到，许多从哈佛毕业的人都致力于慈善事业，这和哈佛对他们的教育是分不开的。现在许多青少年，给父母洗一次脚都十分不情愿，更别说帮一个陌生人洗脚了。虽然雪中送炭并不局限于形式，但是这位女士的行为无疑温暖了人心。她不仅仅是为小男孩"雪中送鞋"，我相信，这个小男孩一定一辈子都记得这位"圣诞老人的女儿"，并且这件事对他的人格会有非常重要的塑造作用。

十一、暴风雪中的校车

生活在北京的王太太常年与丈夫两地分居，因为丈夫在美国的纽约工作。而这年冬天，丈夫的工作已经稳定下来，王太太便决定带着儿子去和丈夫团聚，并且决定在纽约定居。

王太太和丈夫为儿子挑选了一所口碑极好的公立学校，放心地将儿子送了进去。

但是这个时候正值纽约的冬天，毫不夸张地说，在纽约，冬天刮暴风雪简直就是家常便饭。不仅如此，有时候暴风雪来势之猛，能够持续刮好几天不停歇，雪积在地上，几乎达到了埋没小腿的厚度。因为这样恶劣的天气，每到冬天，很多商店和单位都不得不被迫放假，关闭店门暂时休整，今年也不例外。

可是即使天气恶劣成这样，即使所有的商铺都关门，王太太儿子所上的那所公立小学却从来没有停止上课。那些来接送学生的校车即使行驶地再艰难，也每天按时接送孩子，从来没有出过任何差错。

可是王太太一家还是感到很不解。他们不明白，孩子还这么小，为什么在这么恶劣的天气中不让孩子们在家休息呢？每天跑来跑去的多累啊。与她一样的许多家长也这样认为。他们觉得学校这样做有些过分。于是，在家长的一致意见下，王太太给学校打了一个电话。

王太太对校长说："校长，现在的天气实在是太恶劣了，就连许多做生意的商铺都关门了，我们的孩子每天却还要顶着那么大的暴风雪去上课，您看是不是能让学校停课，等天气好一些了再开课呢？"

校长听了王太太的意见之后，说了一番让王太太十分感动的话："太太，您生活在这里，您应当是知道的，纽约是富人的天堂，穷人的地狱。对于您这种家庭比较富足的情况来说，刮暴风雪是待在温暖的家里最好的选择，可是对于学校里的那些穷人孩子，他们每天在家里的生活都是挨饿受冻的，如果将他们接到学校来，不仅能够让他们享受到一整天的温暖，而且中午还有免费的营养午餐。我只希望能给孩子们更好的生活。"

王太太接受了校长的说法，可是她转念一想，既然只有穷人的孩子需要学校的福利，那么可以只让穷人的孩子去上学，自己的孩子回到家里舒舒服服地待着。

于是，王太太又给校长打了一个电话："校长，您看能不能这样，你们只接那些需要帮助的孩子去上学，像我儿子这样的孩子让他们待在家里行吗？我实在不忍心孩子天天跑来跑去受苦。"

而校长接下来的回答不只是让王太太有所触动，更让她为自己的想法感到可耻。校长说："太太，如果我们只接送那一部分孩子，这会让他们怎么想？他们肯定会想，一定是学校将我们区别对待了，因为我们是穷人家的孩子。对于这么小的孩子，如果让他们有这样的想法，就是教育上的缺失了。而施恩的最高境界，就是要保持他人的尊严。我们不能在帮助那些孩子的同时，践踏他们的尊严。"

精彩点评

我们有多少人打着帮助别人的旗号，实则让别人感到难受？即使你的出发点是好的，也要顾虑到别人的感受，帮助更是这样。如果真诚的想要帮助别人，就不能站在施舍者的角度去看待别人，而是要和别人站在同一高度。因为，不论那人有多落魄，多需要帮助，你们的尊严是平等的。哈佛培养出来的人才在各个领域都受到别人的尊重，就是因为他们严格遵守着尊严平等的理念。不能因为自己是施恩者，就不顾别人的意愿，一意孤行。那样，没有人会领你的情。

十二、儿童百万富翁

　　如果有人告诉你，一个只有 17 岁的孩子是个百万富翁，那么大多数人一定抱着不敢相信或是惊讶的态度。可是就有这么一个叫做达瑞的小男孩，凭借自己的能力做到了这一点。

　　其实达瑞最开始想赚钱的目的十分简单，他只是想要买玩具而已。可是他的家庭管理森严，父母根本不会给他零花钱去买这些东西。小达瑞实在是太想要那个新玩具了，于是他陷入自己人生中的第一次重大思考。要怎么样才能赚到钱呢？

　　小达瑞用自己家里的冰箱做了一种汽水，想要在大街上售卖。可是现在正是冬天，根本没有人愿意在寒冷的冬天去买一瓶冰凉的汽水。达瑞叫卖了许久都没有人理他，他感到十分气馁。这时，有一个有钱的商人路过这里，看到了达瑞。他知道达瑞想赚钱买玩具之后，便对他说："其实赚钱是一件很简单的事情，可是你不能总想着去做这些你不擅长的事情，你要发觉自己的爱好，或者明白你自己能做什么，最好是做自己最擅长的东西。并且最主要的是，你不能去卖别人根本不需要的东西，你要了解别人需要什么，尝试为他们解决问题。"

　　小达瑞听了这番话之后大受触动，他回到家后就开始思考自己能为他人解决什么样的难题呢？达瑞还是太小了，他根本就想不出个所以然来。还是他的父亲激发了他的灵感。

　　有一天，父亲让达瑞去外面把报纸拿进来。达瑞发现，许多家庭都不愿意出门拿报纸，因为大多数人都住在带花园的房子里，如果要去拿报纸，就要穿过长长的花园。他突发奇想，认为自己可以帮人们拿报纸。因为他自己是非常愿意去取报纸的，而且这也是他能够做到的事情。

接下来，他挨家挨户的询问有没有愿意雇他取报纸，只需要一美元，他就可以在每天清晨帮邻居们把报纸塞到门缝底下。一趟问完下来，小达瑞就多了70多位顾客。当他在一个月之后拿到工钱的时候，简直乐得合不拢嘴。

小达瑞尝到甜头之后，反而想得更多了。经过一段时间的观察，他开发了几项附加服务，像是帮忙倒垃圾，遛狗，喂宠物，看房子，给花园浇水等。而这些项目一个月只需要一美元。所以小达瑞有了更多的顾客，他有了更多的收入。

等小达瑞又长了两岁，他开始学着写广告，并且将他能想到的小孩子赚钱的办法都写在博客上。有一个出版商注意到了他的博客，便说服达瑞出了一本名叫《儿童挣钱的250个主意》的书。于是达瑞又成了一名畅销书作家。不久之后又有儿童财经节目邀请他做主持人，从此他红透半边天，几乎受到了全国观众的喜爱。

因为这一系列的机遇，达瑞很快就发展到日进斗金的程度。这样，就算他在17岁就成为了一个百万富翁，好像也没有什么可奇怪的了。

精彩点评

世界上很多想要赚大钱的人其实都很自以为是。也正是这种自以为是让他们失去了成功的机会。因为真正能够赚到钱的方法，就是能够帮别人解决困难的方法。现在能够进入哈佛就读的学生，许多都是在小时候就像达瑞一样知道怎样帮助别人的人。现在许多人想要拥有更多的财富，却总是想着自己，自己认为聪明的想法，自己的才能是否得到施展。他们总是思考自己怎么才能得到更多的报酬，却忘了思考如何让别人给你报酬。其实只要动动脑筋，多多注意周围人群的需要，身边就有很多创造财富的机会。

十三、家庭主妇的畅销书

有一位家庭主妇，她一直想要依靠自己的力量在三年之内拥有一栋600多平方米的房子。可是当她跟丈夫商讨这个问题的时候，丈夫却对此嗤之以鼻。毕竟她只是一个家庭主妇，这样的想法实在是太不现实了。

但是这个女人却很有自己的主见。她知道，如果想要完成这个愿望，一定要赚到足够的钱，而她想出的赚钱方式，就是出一本畅销书。她告诉自己，她写的这本书一定会成为最畅销的书，这本书会在3年之内至少卖出100万本，这样她就会得到足够的钱来买那栋自己梦寐以求的房子。

她计划好了自己的时间表，开始调查大家都喜欢看什么样的书。她发现现在女性的生活压力非常大，在家庭中的地位也不是很高，因此她决定写一本有关女性的书，如果这些女性阅读时能够感到愉快，那么就会有许多人去买她的书。

说干就干，她立即着手开始写书。书很快就出版了，但是现在面临的最大问题就是，如何将自己的书推销出去？让所有人都知道她的书？

这个女人做了非常充足的调查，她知道会读她的书的人经常去超级市场或者美容院等地。于是她打电话给这两个地方的负责人。电话一接通她便说："我是某某作家，我最近出了一本书，一定会成为畅销书，如果把这本书摆在你们的店里，一定能够为你们赚不少钱，我会寄一本样书给你，一个礼拜之后再联系。"

一个礼拜后她再次联系这些负责人，她的切入点依然很直接："你看过我的书没有？你准备订购5000本还是10000本？"对方很为难地说："你可能不知道，我们这个超级市场从没有订购一本书超过2000本。"女人反问："难道过去等于未来吗？这就是一个新的开始，你打算订购 5000 本还是 10000 本？"对方很吃惊，但最后还是说："那我订 4000 本好了。"

再打下一家电话的时候，女人显然已经不满足于此了，她上来就问："你看过我的书了吗？请问你打算订 10000 本还是 20000 本？"对方回答："我们从来没有订过这么多，我们订 4000 本就好了。"女人说道："只订这么点？你简直在侮辱我，你还侮辱了你自己。其他的超市至少都订 10000 本，难道你觉得你们这么大的店连这么点书都卖不出去吗？"对方被她说服："好吧，那我们订 12000 本。"

她甚至找到了军队。但是他们以军队里全是男人，没法看这种书为由拒绝了。这个女人又说了："我要听你上司的意见，你把这本书交给你的上司，下个礼拜我会直接找他，不再找你了。"结果没到一个礼拜对方就打来了电话说要订 4000 本。原来他们的上司是个女的，她早就想整整这群目中无人的男士了。

就这样，这个家庭妇女的书从来没有在书店里卖过，都是凭借着她推销的技巧卖出去的。并且通过这种手段成功地卖出了 140 万本。理所当然的，她买到了那栋 600 多平方米的房子。

精彩点评

很多时候我们总是听到别人的拒绝，也许是因为我们提问的方式不对。如果我们正儿八经地问对方："你想不想要？"很有可能就会被拒绝了。但是如果将问题切入的更加自信一些："请问你要几本？"在这样的情况下，有很多人也许就不会拒绝你。但是这种提问需要技巧和自信，也不是一朝一夕就能够练成的。哈佛的人才之所以能够成功，也正是因为这种技巧和自信，让他们在各种各样的谈判中占尽上风。如果你想要多多获得别人的肯定而非拒绝的话，就抓紧时间训练自己吧。

十四、出发到加华

　　一个老爷子人到中年，四个儿子都长成了壮实的少年。

　　有一天，他把他们聚集到一起，说要开一个会。少年们看着老爷子郑重其事的表情，互相看看，以为有什么大事发生了。

　　老爷子说："我听说加华是个非常富饶的地方，那里生活的环境也非常优美，我想让你们几个，替我去看看，是不是这样子的。"

　　这几个少年你看看我我看看你，都非常疑惑。老爷子难道是要搬家？可是看着老爷子肯定的表情，他们不敢忤逆，都回答说"是！"然后开始准备出发。他们都信心满满，互相说了"加华再见"，就出发了。

　　过了几天，大儿子回来了，他对老爷子说，到加华的路，很远很远。

　　又过了几天，二儿子也回来了，不约而同地，他也对老爷子说，到加华的路，很远很远。大儿子看着他，没说话。

　　几天之后，三儿子也回来了，而他和老爷子说的话，和前面两位哥哥完全一致——到加华的路，很远很远。大儿子和二儿子交换了一下眼光，却都保持着沉默。

　　一个多月之后，四儿子才回来，他发现他的几个哥哥都已经回来了，有些惭愧地对老爷子说："爸爸，我不知道哥哥们为什么那么快，可能我走的路不太对，我到加华，一共用了十八天……"

　　老爷子笑了，他慈祥地注视着最小的儿子："你不用惭愧，这才是正确的答案。"然后他看着满脸负疚的前三个儿子："其实你们，并没有到达加华对不对？"

　　三个儿子慢慢点了点头，脸都红了。

老爷子说："说说看，你们是怎么回事？"

大儿子说："我走了几天，看到有条很宽的河……我觉得，太危险了，我就回来了。"

二儿子说："我费尽力气过了河，却看到一个更加广袤的沙漠，我在里面走了两天，觉得根本看不到边，我失去了能够到达加华的信心……我只好回来了。"

三儿子说："我过了河，也竭尽所能穿越了沙漠，结果面前却是一座高耸入云的山，我觉得很绝望……我只好掉头回家了。"

老爷子说："老四都不用说了，其实，翻越了那座山，加华就到了。"

老四惊奇地回答道："嗯，的确是这样的。"

老爷子微微笑着："其实，我年轻的时候，已经去过这个地方了。"

四个儿子很吃惊："那您还叫我们去做什么？您都已经知道那里的情况了。"

老爷子说："因为我想要你们懂得成长的路上，永远要奋力拼搏，竭尽所能克服障碍到达自己的目标。综合老大老二老三的经验，我要告诉你们，要勇敢，要自信，并且永远不要绝望。而我，又不想让你们去连我都没去过的地方，我可不想你们真的死在路上。那对我，可没有什么好处，不是吗？"老爷子俏皮地笑了起来。

四个儿子也都笑了起来，在欢乐的气氛中，他们都明白了什么。

精彩点评

长辈们对我们，用心良苦，只有他们自己才知道，我们只看到父母给我们吃苦，却不知道他们没吃过的苦，是不会给我们吃的。长辈的难做，就在于想让我们懂得，却又怕我们自己不经历一下就不懂，所以常常在教导我们的同时，还要绞尽脑汁想一个完整的方案，要我们进行一下"实验"。这种用心，足以让我们记住一辈子。请记住，随时保持老爷子所说的，勇敢，自信，充满希望，这样才能在未来的世界里，杀出自己的一片天地。哈佛精神有言：要懂得在学习中升华自己，更要以实践相佐，没有经验，就没有开口的谈资，往往只会学习他人的人已经是人上人，可是懂得亲身实践的人，更是难能可贵的人才。

十五、朋友的事不是你的事

朋友的事不是你的事。这句话听起来是一句很绝情的话，但是，当你读完这个故事之后，也许你会改变自己的想法。

莫莉曾经是一个很热情的女孩，她愿意为自己的朋友赴汤蹈火，就像武侠电影里的人物一样。但是，一次，她被一位朋友伤害了之后，她再也不愿意付出，觉得自己就像是这个世界的弃儿。她花了很长的时间才走出自己负面情绪的怪圈。

让她走出这个怪圈的是另一个女孩，艾米丽。艾米丽是一个长着雀斑的胖女孩。她在莫莉最失落的时候来到莫莉所在的班级，并且从此被班内的男生嘲弄、被女生们冷落。莫莉看着失落的艾米丽，就好像看到了自己。她决定重新找回自己的热情和快乐，并且分享给艾米丽。

艾米丽早已经习惯了自己被周围人冷落，内心也是一片死寂。莫莉的出现让她的内心出现了一丝光亮。她很快就和莫莉成为了形影不离的朋友。她们一起面对周围的不安，莫莉为艾米丽挡了很多的骂声，自己也承受了很多，甚至被曾经的好朋友们冷落。

"能和艾米丽在一起就很好。她快乐了，我也就很快乐。"莫莉总是在心里这样安慰自己。

转眼间，艾米丽和莫莉就要大学毕业了。乐观开朗的莫莉很快就找到了一份适合自己的工作，而艾米丽的工作却一直没有着落。艾米丽选择回家待一阵子，这样可以休整一下自己。莫莉依依不舍地和她告别，并且告诉她有事情可以随时来找她。艾米丽笑着和她说再见。

莫莉入职后，一个人承受了很多的不愉快。很多个难过得想哭的晚上，她想打电话给艾米丽诉说自己的不快。"艾米丽是个脆弱的人，不要拿自己的烦恼去打扰她好了。她一定也有自己的事。"莫莉总是这样安慰自己。渐渐地莫莉在自己的岗位上熟悉起来，工作也做得如鱼得水。但是艾米丽总是没有来联系自己。

"她一定是又在躲着我呢。她一定在心里很想我。"莫莉这样安慰自己，并且在心里会心一笑。

一天，在莫莉拖着疲惫的身躯回到家里，瘫软在床上，打开电视。突然，她瞪大了眼睛："天哪，那不是艾米丽吗？"电视上正在播出一档求职节目，胖胖的艾米丽正站在老板们的面前接受考问，艰难地求职。她依旧羞涩，但是她的眼睛里带着自信。莫莉不敢相信自己的眼睛，立刻打电话给艾米丽。

"艾米丽，你为什么不告诉我你去求职的事情？我要辞掉工作去陪着你！"莫莉几乎要跳起来了。

"不必要的，莫莉。我已经长大了，我自己也可以的。你相信我，我能行。"艾米丽这样回答道。

莫莉几乎难过得要哭出来了。她觉得自己很委屈，自己愿意为朋友做任何事，可是朋友并不接受自己的好意。

"莫莉，我很感谢你一直以来对我的好。但是我也应该有自己成长的空间，请给我一片天地吧。"艾米丽笑着说完，挂掉电话。

后来，艾米丽和莫莉一样，在自己的工作岗位上做得很好。只是她们再也没有以前那么亲密了。

精彩点评

有时候，我们遇到一个境况不如自己的人，会对他们萌生出一种关爱。这种关爱来自于人类所共通的情感，普世的大爱。但是，当爱来得太多的时候，也许会蒙蔽我们的双眼。就像在这个故事里，莫莉给了艾米丽自己全部的爱，但是也因此封杀了艾米丽的发展空间，让她在自己的羽翼下无法张开自己翅膀。事实上，请在和朋友相处时把握自己的分寸。太多的关爱无益，这和父母的溺爱一样是有害的。给朋友一分自己的空间，也给自己的生活留一分余地，一切也许并不如你所想。

十六、心里的明灯

伦敦是一个有名的雾都。一天早晨，伦敦又被大雾包围了。天空灰蒙蒙地，街道上也是伸手不见五指。整个城市陷入了瘫痪。车辆被迫停在路边，行人们在大雾中摸索着前行。

大卫是个刚刚入职的新手，他要急着赶到公司参加一场会议。这场会议对他来说意义重大，必须准时到达，迟到的后果将会非常严重。他在大雾中前行，心急如焚。可是，事与愿违，随着雾气的增大，他在大雾里迷路了。

大卫急得几乎要哭起来了。他为自己的失误感到烦恼，也为即将面对的后果感到后怕。就在这时，一个热心的行人走了过来。他询问大卫遇到了什么困难，说或许自己能帮个小忙也说不准。大卫高兴起来。这位热心肠的人主动告诉了大卫自己的名，汤米。

大卫把自己遇到的困境告诉了汤米。汤米笑了笑，说自己可以帮到他，请他放心跟自己走就好了。

大卫将信将疑地看了看汤米。心里暗想，"万一自遇到了骗子怎么办？"可是时间不等人，他没有多余的时间来核实这位汤米的可靠性，就跟在汤米的身后，寸步不离。他们在大雾弥漫的街上走着。尽管能见度很低，汤米走得却似闲庭信步。

可是，走着走着，大卫开始担心起来。他们走过的路并不是大卫平时常走的路，他对周围一片陌生。他越来越紧张心里闪过了无数个可怕的念头。他握着汤米的手开始僵硬起来。汤米注意到了这一点。

"你怎么了？"汤米问。

"没什么，只是觉得周围有些陌生。"大卫小心翼翼地回答道。

"唔，没有关系的。你信不过我？"

"不，不，那怎么能够呢？"大卫尴尬地回答道。他特别担心汤米会突然回过头来看到自己不信任的脸。

但是汤米并没有回头，依旧自信地向前走，就像什么都没有发生过一样。

他带着大卫穿过了几条巷子，用了比平时更少的时间把大卫送到了目的地。

大卫高兴极了。如果不是汤米，真不知道如何才能弥补今天的过失，无可挽回的后果也将让他无法收场。令他困惑的是，汤米如何在大雾弥漫中走得如此自信？

"汤米，今天真是太谢谢你了！"大卫顿了顿，继续说，"你是怎么在大雾里找到路的呢？"

汤米笑了笑，说："其实再大的雾对我来说都无所谓，因为我是个盲人。"

精彩点评

如果每个人都以最坏的恶意来揣摩别人，这个世界还会变好吗？美国文学家梭罗曾经说过："善心是从不失败的投资，善行像种子，总有发芽的一天。"每个人，日行一善，世界会变得比现在美好得多。那么我们顾忌的是什么呢？如果只是一味地等待，拒绝，揣测，那么一切都会无法挽回。

第三章
方法决定成绩

有人说学习占据了他的休闲时间。事实上，我们的一生都在不停地学习。这里的学习不仅仅是指学习课本上的知识，更多的学习是在生活中，是心灵的成长。如何保持谦虚谨慎的学习态度，同时不忘独立思考拥有自己的观点？本章将给你提供一些建议。

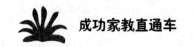

一、学历不代表能力

博士生索伦是所里面有着最高学历的人，他常常想着，自己学历这么高，是什么事情都懂的，他也很热心，常常为他人解答困惑和问题，从中获得极大的满足。可是对于他自己，他却觉得没有什么人可以给他当老师。

这一天，他来到所里旁边的湖边钓鱼。当他到达的时候，发现副所长和所长已经在了，他站在他们的中间。他是第一次来这边钓鱼，他本想问问他们，在这里钓鱼需要注意什么。刚要开口，他突然想起，自己才是这个所里学历最高的人，副所长和所长都没有自己的学历高，他们只是研究生毕业，自己没必要问他们，自己不知道的事情，他们一定也不可能知道。而钓鱼嘛，在哪里都是钓鱼，没有什么不同的。

这么想着，索伦把钓钩放入水中。然后开始钓鱼。

过了一会，副所长放下钓竿，突然"噔噔噔噔"地，就从水面上跳到了对岸去！索伦大吃一惊，这明明是一片湖，肯定湖水是有深度的，如果没有深度的话，又怎么可能钓得上来鱼呢？可是当他用吃惊的表情看着所长的时候，所长并没有表现出一丝一毫产生共鸣的样子，他安然地继续钓鱼，并没有看到索伦吃惊的眼神。

索伦几乎想要脱口而出地问所长："他这是怎么做到的？"可是他突然想，自己学历很高，问这种问题太掉价了。于是他也装作一副一点也不动容的样子，继续坐着钓鱼，只是心中不再平静，很多不能出口的问题在脑海中转悠，根本不能专心钓鱼了。

过了一会，副所长回来了，而所长仿佛有点想要上厕所的样子，他放下手中的钓竿，然后也从水面上"噔噔噔噔"地跳了过去。

这到底是怎么回事？索伦心中咆哮着，难道他们都会水上漂？索伦继续假装自己不动声色。

又过了一会，索伦也想要上厕所了，可是他要绕过湖水的话，需要走十分钟才能走到厕所，如果是像所长和副所长那样"水上漂"过去的话，就可以一分钟就到了。他心中逡巡了一下，想要开口问，可是又把自己的话憋了回去。

最终他心一横，既然那两个研究生可以过去，为什么自己这个博士生就不行了呢？他放下钓竿，模仿所长和副所长的样子，想要从水面上"飘"过去。结果他刚迈出一步，就踩到了湖水里，他歪了一下，整个人趴倒在了湖水中，还好岸边的水不深，所长和副所长看到他这个样子，大惊失色，赶忙过去把他扶出来。可是他全身还是都湿了。

副所长问："你这是干嘛啊？"

索伦不好意思地说："我看到你们，都是这么过河，我急着上厕所，也想效仿一下……结果……"

所长大笑："哈哈，原来是这样。我们常来这边钓鱼，在这里已经待习惯了，我们知道在水中有一排木桩，每次我们都是踩着那个过去的。刚巧你来的不是时候，昨天下了一场大雨，湖水涨起来了，刚好淹过了木桩，我和副所长已经非常习惯了，知道木桩的位置，所以踩着就过去了。"

索伦支支吾吾："原来是这样啊。"

副所长很好奇："你怎么不问我们呢？"

索伦红了脸："我不好意思。"

所长意味深长地说："索伦啊，生活的学问没有学位证书，只有经验的先来后到，三人行必有我师，你要善于发问，习惯发问啊以后。"

索伦点了点头。

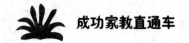

精彩点评

可能有人天生自信，也有人饱读诗书，这样的人比较不善于向别人低头，也不善于和别人交流问题。因为过于相信自己的知识，而忽略了别处也有知识，错过了唾手可得的经验，只能得到教训。哈佛的观点中，也有类似三人行必有我师的观点，做人不能桀骜，要懂得向每个人身上寻找优点，汲取为自己所用，这才是有智慧的人的做法。

二、第二名不算赢

从前有一个年轻的赛车手，他苦练赛车，这一切为了在一次关乎他人生的重要比赛中获得名次。

他在每次训练或者比赛之后，都会回家和妈妈交流自己的心得，在训练中的苦，在比赛中的累，在和其他竞争者竞争中的痛快淋漓，在比赛中获得的荣誉，通通都会和妈妈分享。妈妈每次都仔细听着，但是不动声色，偶尔鼓励他，有时夸奖他，妈妈成为了他的头一号观众，他把成为一个好的赛车手这个目标，当成送给妈妈的生日礼物，因为正好那个比赛日就是在妈妈的生日，他决心，只要自己进了前三，一定要让妈妈惊喜一下。就这样，他激励着自己，每天更加刻苦地练习着车技，在比赛的跑道上，洒满了他奋力拼搏的汗水。

他为了这次的比赛，已经苦练了许久。在畅快紧张的比赛结束的那一秒，他一把摘掉头盔，高兴得像个孩子，他知道，自己获得了第二名的好成绩。他站在领奖台上，一刻也没停地想着，如果把这个好消息告诉妈妈，她脸上会出现什么样的表情呢？吃惊？惊喜？没准会大喊起来？会使劲拥抱自己？他简直忍不住马上就跑回家告诉妈妈。

然而当他回到家中，手舞足蹈地跟妈妈说出自己获得了第二名这个成绩的时候，妈妈站在原地纹丝不动，脸上也没有任何表情。

他问道："妈妈，怎么，您不为我高兴吗？"

"当然高兴了，我怎么能不高兴呢？"妈妈冷静地答道，"只是对于你来说，我更倾向于说，你是输了，而不是赢了。"

他非常吃惊，甚至有点生气："你说什么？妈妈，这个比赛非常权威，我获

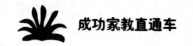

得第二名，已经非常不容易，为什么你要说这样的话来泄我的气呢？"

妈妈仍然安之若素："第一名也是人，你难道不是被他打败了吗？你是赢了，你赢了不如你的人，可是你也输了，你输给了最强的人。这么听起来，是不是并不是那么光彩？"

赛车手张口结舌，一下子竟然不知道该怎么回答母亲。

妈妈又说："既然别人能做到，为什么你不能呢？你还有的是进步空间，没必要骄傲自满。如果还有空间，应当锐意进取，而不是激动得忘了自己的发展前景。人可不能躺在功劳簿上面吃老本啊，你说是不是？我的孩子。"

赛车手虽然有些不服，但是妈妈的提议，激起了他心中关于获得第一名的渴望。是啊，别人可以，为什么自己得到了第二名就得意忘形了呢。

在那之后的他，加强训练，以第一为目标。这个过程异常艰苦，可是赛车手从来也不喊累喊苦，因为他知道自己还不是那个站在第一名领奖台上的人，他不会停下他的引擎。不久之后，他就不再以第一为目标，而以打破世界纪录为目标。再之后，他开始成为世界纪录的保持者。而在之后，他开始以打破自己的世界纪录为目标。

就这样，他成为了赛车界中的一个神话，在接下来的二十年中，成为了赛车场如雷贯耳的人物。他说自己没有别的绝招，唯一的绝招就是，心中一直不忘记一定要成为那个最前面，最快的人。

精彩点评

要敢于成为最好的那个人，即使实力达不到，或者自己做不到，也不能放弃成为第一的念头。人活着如果没有自己对自己的要求，就很难成事。哈佛精神里，教育每一个同学要懂得无尽地汲取知识，要勇于挑战你前面的人，学习他的品质并且矢志不渝地去超越。不仅不能放弃成为第一，也不要忘记超越自我。因为当你成为第一，你会以为再也没人会超越你，事实却是，一旦你躺在功劳簿上，那么你失去的将不止一个第一，甚至可能是第二第三。所以在学习的道路上，永远不要放弃成为最好。努力让自己更好，达到更好！

三、一页纸的智慧

有这样一个年轻人。他在美国海岸警卫队服役的时候喜欢上了写作，总是有着很高的创作热情，但是每当要把心中所想落实到笔尖时，他就会失去所有的灵感，文章总是在开头之后就陷入停滞。他为此感到苦恼，担心这种瞬间来临的空白会吞噬自己。他无法安心地坐在打字机前写作。

为了摆脱面对打字机发呆的窘境，他想出了很多解决方法。在他想不出该如何表达的时候，他会选择到花园里浇花、在屋子里打扫卫生、看一会儿书……总之，远离写作。他觉得暂时的逃避可以让消失的灵感重新回来。但是，情况并不像他所想象的那样。他并没有因为这样做而找到文思泉涌的感觉，相反，面对打字机，自己更加不知所措。他陷入了焦躁之中，不知道应该如何摆脱这个困境。如果继续这样下去，他离自己喜爱的写作会越来越远。

一次偶然的机会，他听了著名作家奥茨的写作经验。奥茨说："情绪这种东西，你千万不能依赖它，从某种意义上说，写作本身也可以产生情绪。有时候，我感到疲惫不堪，精神全无，连五分钟也坚持不住了。但是我依然强迫自己写下去，而且不知不觉地，在写作的过程汇总，情绪完全变了样。"

奥茨的话启发了这个年轻人。他发现，想要完成一个目标，就必须行动起来，坚持去完成那个目标。想要写出一篇好的作品，就必须在打字机旁坚持坐下去。遇到瓶颈就梭巡到花园和卧室里，字符永远不可能自己蹦出来。

听了奥茨意见的年轻人，决定立刻改变自己，行动起来。他为自己制定了一个简单的写作计划：每天写一张纸。他每天早上 8 点钟坐到打字机前去完成他的任务。如果他写不出来，他宁肯坐上一整天，也绝不动摇。他为自己的任务定下了惩罚措施：如果写不出一张纸，绝不能吃早饭。

第一次实施的早上，年轻人还是不能很快进入角色。他在打字机前从早上8点坐到了下午三点，才勉强写完一张纸，吃到了"早饭"。但是从第二天开始，他的状况得到了明显的改观，在不到三个小时的努力之后他就成功吃到了早饭。等到第三天的时候，他已经习惯了自己的计划，他很快就写完了一张纸，并且接连写了五张，直到自己想起来需要吃早饭。

就这样，在经过了十二年的努力之后，这个年轻人终于拥有了属于自己的作品。他的书一经出版，就在全美掀起了热潮。这本书就是我们今天奉为经典的《根》。而这位坚持不懈的年轻人就是著名的美国黑人作家阿历克斯·哈利。哈利凭借这本书获得了美国的"普利策奖"。

精彩点评

"不要把今天的事拖到明天"，这是网上风传的哈佛校训之一。然而，在现实生活中，真正能做到今日事今日毕的人又有多少呢？在哈佛人的心里，时间是最不能被浪费的。时间是他们的第一资源，认为没有什么不幸可以与失去时间相比。所以，他们做事从来不拖延。

四、站在大师的身后

艾可和卡特是一对好朋友。

艾可和卡特都是从小就喜欢唱歌。他们在家乡的酒吧里认识，遂成为挚友，并且开始了歌唱生涯。他们辗转于家乡的小酒吧里驻唱，偶尔也会被电视台请去做助场。他们在自己的城市小有名气，但是他们不满足于现状，因为这个城市对他们来说，太小了。

他们的心里有一个伟大的梦想，希望能有一天站在柏林，站在殿堂级的国家歌剧院的舞台上做一次属于他们自己的专场演出。

这一年，他们的梦想似乎找到了一个出口。他们得到了消息，国家歌剧院面向全世界招收签约演员，只此一名。他们义无反顾地放弃了小城市里所有的一切，背起行囊前去。他们为这一天的到来等待了太久，飞驰的火车让他们的心恨不得立刻插上翅膀。他们相互鼓励，信心满满。

等待面试结果的日子是漫长的。经过层层选拔，卡特入选了，如愿以偿地成为柏林国家歌剧院的一名签约演员。与此同时，艾可名落孙山，沮丧至极。他们从此不再同台演出，人生境遇也从此不同。

卡特在合唱团的工作是站在大师的身后，为他们伴唱。尽管几乎没有能够让自己露脸的机会，在和谐动听的合唱声中甚至听不到自己的声音，卡特在合唱团里踌躇满志，他似乎已经看到了金色的灯光洒在自己身上，前途一片光明。他为自己能接触到那些以前只能在电视机上仰望的殿堂级大师们感到激动，他也坚定地相信只要自己坚定不移地努力下去，一定能够成为一部歌剧的主角。与卡特同时进入合唱团的还有几十名与卡特一样勤奋向上的年轻人，每个人的梦想都雷同。可是，随着时间的推移，只有那么寥寥几人被幸运地挑选出来，成为歌剧的主角。大部分人依旧默默无闻。艺术总监告诉他们，主角总是那么几个，更多的人只能站在大师的身后，做一辈子的配角。

另一边，原以为自己星途黯淡的艾可并没有放弃自己的歌唱事业。他不断制造着机会，希望能通过自己的努力获得更大的成就。他成功了。他凭借自己的演出经验、实力和独特的忧伤的气质，成为了大名鼎鼎的歌唱家，在这个国家，无论走到哪里都能得到鲜花簇拥。

艾可也曾经力邀卡特回到他们的二人组，两人共同打拼。但是卡特拒绝了，因为他觉得，即便自己没有站在巨人的肩膀上，也站在了巨人的身后。他无法舍弃他既得的一切。

著名的华人歌唱家莫华伦曾经是柏林国家歌剧院的签约演员。他说："一个大师荟萃的地方，最容易埋葬一个人的才华。"钱钟书先生曾经说："人生的刺，就在这里，留恋着不肯快走的，偏是你所不留恋的东西。"安心做一辈子配角，还是敢于抛弃既得的一切找寻自己最想要的东西？这是一个需要思考的问题。

精彩点评

牛顿先生的一句"如果说我比别人看得更远些，那是因为我站在了巨人的肩上"不知道影响了多少人。你站在了巨人的身边，并不能说明你也一定能够成为巨人，可能这辈子都无法走出巨人的影子。人应该追求的是自己最想要的东西，而不是被影子笼罩失去了方向。就像卡特，他的梦想是希望自己能够成为尽人皆知的歌手，那么国家大剧院只是这个梦想实现的途径，而不是最终的目的。他看不清这一点，也就只能在阴影中为曾经的梦想而难过了。

五、伽利略的挑战

　　人们总是对权威怀抱着一种敬畏之心，认为那既然是权威，必定是完全正确的，必定是应该完全信服的，如果胆敢对权威提出质疑，那简直是自不量力。那些敢于向权威挑战的人，虽然有些最后被证明是正确的，但是在一开始无疑是被大多数人嘲笑和讽刺的。

　　我们所熟知的亚里士多德就是一位"权威人士"。他的成就无疑是十分伟大的，他研究了许多前人从未了解的事情，他的许多结论都被后世的人们所坚信着。但是就算是亚里士多德这样的人，也并不是完全正确的。但是在很长一段时间内，没有人对他的理论提出质疑。而敢于公然挑战亚里士多德的权威的第一人，则非伽利略莫属了。

　　在伽利略生活的那个时代，大家对于亚里士多德是十分崇拜和敬仰的，因为亚里士多德的理论是维护统治阶级的，统治阶级自然十分庇护他。伽利略从小就对科学研究感兴趣，他对于亚里士多德的权威性并不是很认可，比起信任亚里士多德的一切研究，不如自己亲自体验。伽利略仔细研读了亚里士多德的所有理论，并且通过自己动手实践来验证他们。就在这个过程中，伽利略发现了亚里士多德的错误。

　　亚里士多德认为，如果两个质量不同的铁球同时从同一高度落下，一定是重的铁球先着地，轻的后落地。伽利略在实验室里进行了反复的实验，十分确定亚里士多德的结论是错误的。因为不管他怎么试验，两个铁球都是同时着地的。他确认了这个结论之后，决定向公众宣布，并且为了让大家信服，他决定在著名的比萨斜塔上做实验。

民众听到这个消息之后都觉得不可思议，居然会有人怀疑亚里士多德的理论是错误的！一些老学究甚至认为伽利略是为了博取名声才强出头，但是他们认为伽利略一定会被现实打击的体无完肤，因为他们坚信亚里士多德是没有错误的。

到了伽利略在比萨斜塔做实验的那一天，塔下聚集了许许多多的群众，他们都是听说有人想要挑战亚里士多德，而过来看热闹的。他们群聚在下面，等待着伽利略失败后无地自容的那一刻。

伽利略看着底下越来越多的人群，手心紧张得直冒汗，但是他更加在意的是要把真理公之于众。他定了定心神，大声宣布实验开始。所有的人都屏息凝视，见证着真相来临的那一刻。

两个不同质量的铁球从伽利略的手中脱出之后，就以飞快的速度奔向了地面，只听沉重的一声闷响，两个铁球同时着地。

围观的人群目瞪口呆，没有人想到，亚里士多德竟然真的错了。没有人再对伽利略冷嘲热讽，伽利略也凭借自己的才能成为了推动社会进步的重要人物。

其实亚里士多德早就说过一句话："吾爱吾师，我更爱真理。"因为这句话，他对他的老师柏拉图提出的质疑绝不比伽利略少。相信亚里士多德要是得知有伽利略这样一个敢于向权威挑战的人，也是会十分欣慰的。

精彩点评

有多少次，我们因为太过相信权威而放弃了追究真相的权利？哈佛虽然是一所"权威"的学校，但是它的教育理念从来都是希望学生敢于质疑。从古至今，人类社会就是在不断地建立起一种观念，然后推翻它，再建立一种新的观念的过程中循环往复的。现在，我们的社会太缺少能够发现真相的双眼和敢于质疑的声音。质疑权威听起来或许很可怕，但是最重要的是明白真相，如果你的质疑推翻了原来的理论，说不定你就会成为新的权威。当然，将来也许会有人来推翻你。只有这样循环下去，人类社会才能够不断前进。所以，勇敢的质疑吧，这并没有你想象的那么可怕。

六、富翁的一元贷款

我们通常想做一件事情的时候就会直奔目标去，而这样做的后果是往往会碰壁。就是因为我们的思维很少转弯。想要做一件事的时候，不一定非要直奔目标去，稍微迂回一些，说不定能够达成意想不到的效果。

并且这种迂回的办法并不需要世界上最聪明的大脑，曾有一位富翁就通过了非常巧妙的办法达成了自己的目的。

这位富翁有一次去银行办理业务。因为他通身气派，并且手里还拎着一个贵重的皮箱，令银行的经理一下子就重视起来，心想这一定是一位大客户。经理热情地迎了上去，询问富翁有什么需要。

富翁犹豫了一下，说道："我想在你们银行贷款。"经理立刻回应："没问题，但是在我们这里贷款需要抵押一些像样的东西才行，不知道您要抵押什么？"富翁将自己那个价值不菲的皮箱拎起来："我就是要抵押这个。"

皮箱被打开，经理发现皮箱内全都是一些值钱的东西，有金银珠宝，还有一些债券和基金。经理心想，这个人用来抵押的东西几乎都有几百万元了，那么他要贷款的项目一定比这多出不少。看来银行这次接到大生意了。

经理思忖片刻："请问您想贷多少款呢？"富翁答道："1 元……行吗？"

经理大吃一惊，这人用这满箱的珠宝作抵押，却只贷款 1 元钱，这世上怎么会有这样的怪事？他看起来是一位富翁，也没有贷款 1 元钱的需要啊。但是经理又转念一想，万一这位富翁的目的并不是贷款呢？也许他只是想借用这 1 元钱来查看我们银行的信誉，如果我们做得好，也许以后就会有源源不断的合作机会了。

经理越想越觉得有可能，便笑容满面地答应："当然，这1元钱我们绝对贷给您！我们向您保证，这箱抵押物品也不会出任何差错。"富翁得到了他的保证心满意足的走了。

过了几个月，富翁回到银行还款取箱，经理仍然一直跟在他身边尽心尽力地服务着，期待着这位富翁的下一步举动，谁知这位富翁取了箱子，道了谢之后，就径直出门了。

经理急忙拦住他："您就没有什么其他要说的？"富翁疑惑不解。经理急忙解释道："您在我们银行贷款1元钱的目的到底是什么？"

富翁听了他的问题，神秘地笑了笑，解释道："其实我根本不是为了贷款，我这一阵子出国旅行，这个箱子带在身边太麻烦，放在家里却又不放心，所以我就想存在银行里。可是存放贵重物品的手续费太贵了，我就想出了这么个办法。你看，我只贷款1元钱，我的箱子就被保管的完好无损，这不是更好吗？"

富翁笑着离开银行，留下经理目瞪口呆地站在原地。

我们不得不为这位富翁的智慧拍案叫绝。他运用1元钱的贷款巧妙地替换了昂贵的保管费。这种智慧并不是遥不可及，只要你肯换个角度思考，一定也能找到更好的办法去解决问题。

精彩点评

我们总是被固定于惯性思维，仿佛解决一个问题的方法只有一种。但是事实上，无论是上学时候的数学题，还是步入社会后遇到的各种生活问题，解题思路都不止一种。受到哈佛教育的人之所以能够在各个行业有所建树，就是因为他们学会了一种迂回的办法。如果当你走进了死胡同，就不要再执着下去，而是要尝试着换一个角度去考虑它。往往当你这样做了，就会收获到意想不到的效果。当然，这种能力并不是一朝一夕养成的，而是要经过不断的训练。所以，从现在开始就开始锻炼自己多角度思考的能力吧。

七、珍惜你的灵感

　　一定有不少人疑惑《吉尼斯世界纪录大全》的作者究竟是怎样才会想到去编撰这本书的，不是太无聊，就是太富有创造力。

　　事实上也八九不离十。这本书的完成在于一个人在无聊之中富有创造力的灵感。而这个人不仅产生了这种灵感，捕捉到了它，还实现了它。

　　可以说，事实远比人们想象的简单得多，也复杂得多。

　　《吉尼斯世界纪录大全》的编撰者名叫休·比佛，他的真实身份只是一个爱吹牛皮、爱打猎的酒厂经理而已。至于这本书的创作灵感，也只是出于他的一次打猎经历。

　　比佛经常约他的同事出去打猎，他还经常吹嘘自己的打猎技术无人能及，无论是什么样的猎物都逃不过他的枪法。

　　他的朋友们都认为比佛在吹牛，于是他们就和比佛打赌，能不能打到一只金斑。金斑是一种拥有金黄色羽毛的漂亮鸟类，飞行速度极快，也正是因为这一点，比佛的朋友们才会跟他打这个赌。他们认为比佛的枪法再好，也打不到飞行速度如此之快的鸟类。

　　比佛却自信满满，发誓一定要打下一只金斑回来。比佛集中全身的注意力向金斑射击，却连它的一根羽毛都没有碰到，这理所当然的受到了朋友们的嘲笑。可是比佛并不甘心，他在日后的狩猎行动中不断尝试，可是从来没有成功过。

　　比佛渐渐意识到，也许他是打不到这种鸟了。可是他并不将这归咎于他的枪法，而是说这鸟飞得实在太快了。他的朋友们都嘲笑他找借口，比佛却鼓足了劲儿要反驳，于是他每天去不同的书店和图书馆，寻找有关鸟类飞行速度的书籍，但是他惊讶地发现，他找遍了所有的地方，竟然没有一本书提及关于鸟类飞行速度的问题。

比佛在感到困惑不解的同时突发奇想，既然从来没有人写过，为什么我不能写一本呢？如果我能写一本这样的书，并且放在书店、酒吧，各种地方，当其他人有我这样的疑问时，不就可以查阅了吗？因为在比佛的酒吧里，他也经常看到有些顾客为了一些稀奇古怪的事情争论的面红耳赤。

既然捕捉到了这个灵感，比佛就当机立断的抓住它。他聘请了一些牛津大学的同学做编辑，经过大家的共同努力，《吉尼斯世界纪录大全》终于在一年后出版了。这本书以比佛酿酒公司的名义出版，因为里面包括了各行各业，各种稀奇古怪的内容，所以一经上市就受到广大读者的欢迎。

自从这一年之后，《吉尼斯世界纪录大全》每隔一年就要更新一次，重新出版。至今为止，《吉尼斯世界纪录大全》已被翻译成 21 种文字，发行量达到 4000 万册，成为了世界上最畅销的书。

而这一切，只不过源于一次小小的赌约。真正缔造它的，是珍视自己灵感的休·比佛。

精彩点评

当你捕捉到一个灵感的时候，你是选择无视它，还是追究到底？无视他的人无疑是放弃了一次机会，而追究到底的人，也无疑获得了一次机会。灵感实在难能可贵，如果能够获得，珍惜是最好的能够利用它的途径。在哈佛的学习生活中，学生们的灵感培养效果是十分突出的。针对一个问题，他们总是能够想出各种各样新奇的点子。也许一个小小的灵感并不能够产生多么重大的效果，但是只要学会珍惜自己的灵感，慢慢养成一种习惯，总有一天能够将灵感转化成巨大的能量，而这种能量能够造成的结果一定是你所想不到的。学会珍惜自己的灵感，一旦捕捉到，就不要放弃。打破砂锅问到底在这一点上是有着积极意义的。

八、改变命运的招待

美国钢铁大王卡内基的名气遍及全球，在他的团队里还有一个仅次于他的灵魂人物，也是卡内基的左膀右臂。至于卡内基为什么会发掘到这样一位人才，还要从一段奇缘讲起。

几年前的一天午后，在美国的费城中心，下了一场突如其来的雨。人们被这场雨打得措手不及，赶忙跑进附近的商店避雨。

有一位老太太的腿脚不太利索，她跑进附近的一家超市以后，身上已经淋湿了大半，裤腿上也全是泥点，整个人看起来狼狈不堪。而超市里的所有售货员都坐在一边，没有人来招待这个老太太。在他们看来，这只不过是一个进来避雨的落魄老太太，没有必要招待她。

这时候有一位年轻的售货员走到了老太太身边问道："您好，请问有什么需要帮助的吗？"老太太稍微有些惊讶："我只是进来避雨而已，你不用招待我，等雨停了我就走。"说着老太太向后退了一步，因为她发现自己沾满泥的裤腿已经碰到了年轻人干净的衣服上。

年轻人并没有在意，而是笑着对老太太说："我看这雨一时半会儿是停不了了，那您先坐在这里休息一下吧，我去帮您拿把椅子。"说着就真的为老太太搬来一把椅子。老太太受宠若惊地坐下，年轻人又说道："我看您的头发都湿了，这样是很容易感冒的，您擦一下吧，这里是毛巾。"说着又递给老太太一条毛巾。

老太太忙站起来跟他一个劲儿地道谢，年轻人说道："您不必太在意，这是我分内的事，应该做的。"说完就去招待别的客人了。

一个小时之后雨终于停了，老太太去谢过了年轻人，并且要了他的名片。这之后，老太太就消失了，那位年轻人也没有再见到过她。

几个月后，有人给年轻人所在超市的经理发去了一封信。信中指明要求这个年轻人去苏格兰收取一份装潢材料的订单，并且由他负责下一季度几个公司的办公室用品供应。这让经理大吃一惊，因为这封信给他带来了公司两年都赚不到的利润。

他立即与给他写信的人联系，原来，写信的人是美国钢铁大王卡内基的母亲，就是那天在超市里躲雨的老太太。

经理了解到事情的前因后果之后，立刻委派了那位年轻人前往苏格兰。年轻人被这天降的喜讯砸昏了头，不明白是怎么一回事。他的同事不乏有比他做得好的，所有人都十分羡慕他。经理意味深长地对他说："这是你用自己的职业态度争取来的。"

当年轻人收拾好行李动身前往苏格兰的时候，他已经不再是一个小小的超市售货员了，而一跃成为钢铁大王的合伙人。那个时候他才不过20出头。自此以后，他的事业便扶摇直上，获得了无数成就。

而这一切的起因，都是因为这个年轻人无论面对什么样的顾客，都端正自己是一名售货员的态度，对所有人一视同仁。这样的态度为他自己赢得了人生的转机。

精彩点评

现在哪里还有一个超市的售货员用如此谦卑的态度对每一位顾客服务的呢？不只是售货员，现在的社会，不论是什么职位上的人，都存在眼高手低的现象。也许是觉得自己应该获得更好的职位，也许是觉得对待别人没必要太客气。但是由这些想法产生的行动，也许在不知不觉间失去了许多机会。虽说哈佛是世界名校，但是从里面走出来的也不一定全是名人。只是哈佛的毕业生无论在什么样的岗位上都会牢牢的记住自己的职责，就像文中的售货员一样时刻端正自己的态度，对所有顾客都一视同仁。如果这样做的话，也许每个人都有可能拥有改变自己人生轨迹的机会。

九、"蜘蛛人"的恐高症

因为一部电影，"蜘蛛侠"这个角色红透了世界，也让我们对"蜘蛛侠"充满崇拜。可是在美国，就有这样一名真实的"蜘蛛人"。他的名字叫做伯森·汉姆，在1983年的时候徒手攀登上了纽约帝国大厦，并且也因此成为了吉尼斯世界纪录的创造者。

他的这一举动引起了全世界的关注，其中就包括美国恐高症康复协会。这对于他们来说是一个天大的好消息。因为大家都觉得，一个有勇气攀登帝国大厦的人，一定对于怎样克服恐高很有心得。他们希望能够聘请伯森做他们恐高症康复协会的心理顾问，帮助更多人克服恐高问题。要知道，在美国，恐高症遍布全国各地，并且程度还相当严重。大多数加入这个协会的人甚至都不敢站在椅子上去更换一只灯泡。

协会主席满心喜悦地给伯森发去了邀请函，等待着伯森确定的答复。谁知道伯森给他的回信中只提到让他去查找一个协会里的会员，他的编号是1042。协会主席虽然很疑惑，但还是很快就将这个会员的资料调了出来。看到这份资料的那一刻，协会主席吃惊不已。因为这个1042的真实姓名叫做伯森·汉姆，赫然就是"蜘蛛人"本人！谁也没有想到，敢徒手爬上帝国大厦的人，居然患有恐高症。

这位协会主席实在是百思不得其解，据资料上记载，伯森·汉姆就算只是站在一楼的阳台上也会手脚发抖，心跳加快，他是怎么样克服这么严重的症状的？这实在是太让人好奇了。主席实在放不下心中的疑惑，于是决定亲自去拜访伯森·汉姆。

当主席终于到达伯森·汉姆的住处时,他发现这里一片喜庆的气氛。打听之下,才知道原来是在举办一个庆祝会。他看到有很多记者在围着一个老太太拍照。主席上前去询问,才知道这个老太太居然就是伯森·汉姆的曾祖母,她已经94岁了。她因为听说自己的曾孙子创造了吉尼斯世界幻录,十分兴奋,就从100公里以外的家中徒步赶到这边来,想用这样的行动为曾孙子的记录添彩。没想到就是她这么一个举动,竟然也创造了一项吉尼斯世界纪录。

协会主席十分不解:"难道您就没有想过,您已经这么大岁数了,走这么远的路负担太大了吗?"老太太答道:"也许你们打算一口气跑100公里的时候是需要深思熟虑和很大的勇气的,可走一步并不需要勇气啊。我只是先走一步,再走一步,一步步地走下来,100公里也并不是那么难。"

紧接着主席又问伯森·汉姆:"那么,又是什么促使你克服了恐高症爬上了帝国大厦呢?"伯森·汉姆看了一眼自己的曾祖母:"其实我和我的曾祖母是一样,想到400米的高楼,我会很恐惧,可是我并不害怕一步的高度。对于我来说,只要把帝国大厦看成无数个'一步',再战胜这无数个'一步',就大功告成了!"

精彩点评

成功不是一蹴而就的事情,急功近利一定是不可取的。只有在日常生活中一点点积累,才能够达到成功需要的状态。那些毕业于哈佛的成功人士,在周围人看来似乎都是理所当然的,殊不知,他们也是靠这一步一步的积累才能达到如今的高度。对于一个恐高症患者来说,在没有彻底治愈之前,克服对高度的恐惧简直是一件不可能的事情。这世上也有许多人的恐高症根本无法治好。可是有一个人能够做到,就是因为他将一大步分解成无数小步,这种做法成功地克服了恐惧,完成了一次壮举。所以我们是否也可以试着将成功分解成无数个小步骤,踏踏实实地一步一步走,最终获得成功呢?

十、最小的底牌

打牌是现在人们经常使用的一种消遣方式，但是现在更多的人利用打牌来赌钱。其实朋友之间就算赌钱，也只是一种玩耍方式而已，但是难免在打牌的过程中会有很大的心理压力。更何况，如果你的手上拿的是一副烂牌，恐怕"输"字早已在你的脸上显露出来了。其实有一种很冒险的方法可以帮助你在牌很烂的情况下还可以赢，只是它需要十分强大的意志和信心。

有一个并不是很富有的年轻人，他有几个狐朋狗友，大家经常凑在一起玩。这天，他们又凑在一起聊天。他们感到实在无聊，想找些事情做为消遣。恰巧有一个人带了一副牌，他们就决定打牌，顺便赌钱。可是这个年轻人实在没什么钱，他现在身上所有的钱是他全部的积蓄。他下意识地想拒绝他们打牌的邀请。可是朋友们兴致都起来了，如果不打肯定会被说不够意思，他不能在这些朋友面前丢脸，于是，他硬着头皮坐了下来。

很快，牌局开始了。发完牌之后，年轻人看了一眼他手中的牌。这是一副很小的牌，在牌桌上根本就没有生存的余地，只会不停地跑牌。如果和其他人对打的话，可以说毫无疑问的肯定会输。他看着周围人们拿到牌时或满意或兴奋的表情，感到一阵绝望。但是他实在不想输掉身上仅有的这些钱。

于是，他冥思苦想之后，默默地从兜中掏出他所有的钱，并且拿出四分之一放在了桌子上。在他放钱的过程中，他一直面无表情地盯着手中的牌，甚至都没有看周围的人一眼。牌局正式开始了，大家开始轮流出牌。这个年轻人一直忍着，即使已经出了好几轮，他也坚持没有把自己手中最小的牌换出去。

到了加注的时候了。这个年轻人仍然一副毫无波动的样子，将自己又一份四分之一的钱放在了桌子上。这时朋友们已经注意到他的淡定了。他们看他一直没有换出手中的牌，心里十分不安，认为他一定拿了一副大牌，他们不想输光所有的钱，有几个人便退出了。

年轻人看到有几个人退出，心里悄悄地松了一口气，看来他的战术还是有用的。可是他还是面无表情，因为危机还没有完全解除，他要让剩下的人也相信自己的手上有一副大牌，逼他们主动退出。

在接下来的时间里，年轻人仍然不动声色，做出一副看起来很有把握的样子。在第二次开始加注的时候，年轻人突然将自己剩下的所有钱加了上去。这个举动震惊了在场的所有人。他们开始相信，年轻人手中真的有一副大牌，是他们所赢不了的。于是最后所有人都退出了，年轻人赢了。

最后其他人强烈要求看他最后的底牌，他翻开底牌，是一张很小的牌。周围瞬间沉默了。年轻人说："虽然我拿的牌很小，但是我从一开始就知道我会赢。因为重要的不是你手里牌的大小，而是让你的对手相信，你的手里有一副足以击败他的大牌。"

精彩点评

很多时候，我们虽然想要打败对手，但是在气势上就弱了一截。真正的胜者，还没有开始比赛，从他的气势上就可以看出来他会赢。所以有一句老话叫做"输人不输阵"。哈佛就十分注重于培养学生的这种气势。这些学生无论在什么地方，无论面对什么样的情况，都能临危不惧，泰然自若。很多时候，其实胜者自己的手中并没有多么强大的底牌，他靠的就是让对手相信，自己一定能赢的气势。这种气势也是需要长年累月的练习的。伴随着强大的意志和自信，就能战无不胜。

十一、抓住你能看到的

大名鼎鼎的沃尔特·迪士尼可谓是家喻户晓。他创造出来的米老鼠形象更是风靡全世界，受到男女老少的喜爱，可以说是有史以来最伟大的卡通形象了。其实沃尔特·迪士尼和他所创造出的这只米老鼠，是有很深的历史渊源的。

年轻的迪士尼还是一个穷困潦倒的画家，他对自己的天赋很自信，便在21岁时，怀揣着40美元和理想来到了美国密苏里州的堪萨斯城，想要闯出自己的一片天地。

他本来想要到一家报社去应聘，因为报社的那种良好气氛和环境正是他所需要的。可谁知当主编看了他画的作品之后，认为他的画简直一点创造力都没有，缺乏新意，因此拒绝了他的申请。这是迪士尼第一次尝试求职失败的滋味。他找遍了所有他想要做的工作，无一例外地都被拒绝了。无奈之下，他只好去帮教堂作画。可是教堂给的薪资非常的微薄，他甚至租不起一个画室。不得已，他只好借用了一家废弃的车库，每天就在这里作画。

年轻的迪士尼每天都感到身心疲惫，对自己现在的生活状态十分不满。有一天，他正在画室里休息的时候，突然听到了一阵"吱吱"的叫声。他抬头望去，发现黑暗中有一双明亮的小眼睛，原来是一只小老鼠。他并没有赶走这只老鼠，因为他自己的处境都已经够糟糕了，凭什么去赶人家走呢？迪士尼只是坐在那里静静看着小老鼠，对它笑笑。小老鼠似乎也看了他一会儿，便一溜烟跑了。

接下来的日子里，这只小老鼠会经常从黑暗中出现，迪士尼也不去打扰它，它也不会跑到迪士尼的身边来。他们两个经常你看着我，我看着你。渐渐地，也许是跟迪士尼熟悉了，这只小老鼠敢在迪士尼附近玩耍了，它会在地上打滚，表演一些"杂技"。每当表演到精彩之处，迪士尼总是会给他一些面包屑作为奖励。一人一鼠就在这日常生活中建立起了一种和谐和默契。

一次偶然的机会，迪士尼被介绍到好莱坞去制作一部以动物为主的卡通片。对于这从天而降的好机会，迪士尼十分兴奋，他认为自己大展宏图的时候终于到了。他离开了那个阴暗潮湿的车库，来到了好莱坞，开始自己的创作。但是刚开始的时候，他的许多设计全部被驳回，他再次陷入了失败的颓废中，经过了这么长时间的被否定，他甚至对自己的才能产生了怀疑。那时的他几乎身无分文，他认为自己可能根本就不适合做一个画家。

就在他快要放弃的时候，他突然想到了在车库中陪伴他的那只小老鼠。这只老鼠一下子击中了他，他迅速画出了一只老鼠的轮廓，而这只老鼠被所有的决策者所认可，米老鼠的形象就这样成形了。

创造出米老鼠之后，他又凭借自己的努力，一步步地筑起了迪士尼大厦。这一切的一切，都源于他关注了身边的一只小老鼠。而就是这样一只小老鼠，却成就了一个人的一生。

精彩点评

如果我们接到一份需要创造力的工作，也许会绞尽脑汁，冥思苦想，希望创造出一个与众不同，现实中不存在的东西。但是其实真正有创意的东西都是从生活中演变而来的。因此注意观察身边的事物就显得十分重要。哈佛大学中不乏这些需要创造性的专业，而他们的学生都能够交出让人眼前一亮的作品。这也是因为他们懂得抓住自己身边能看到的一切进行新的创作。如果你的创作陷入了瓶颈，不妨试试看，用心去观察你身边的人和事，将他们提炼出来，说不定能创造另外一个经典形象。

十二、"内容绝对无错误"的著述

如果因为害怕失败而举步不前，或是因为曾经的过错而不敢放开脚步，徘徊迷茫，那么也就会失去了前进的动力。所有的恐惧都是来源于自己，不迈出第一步怎么可能有后面的路？

拉塞特在学校是一位大名鼎鼎的生物学教授，更是生物学界的权威。很多学者和他的学生都向他反映在阅读的生物学著述中存在着大量的错误和漏洞。他对外宣称，为了能促进生物学的更快更健康地发展，他决定出版一本绝对完美"内容绝对无错误"的生物学著述。这本书将在之后不久问世。

学者们和他的学生们都怀着万分期待的心情焦急地等待着。日子一天天过去了，拉塞特教授的著述终于在众望所归中宣布要和大家见面了。教授把著述的名字公开了，叫做《夏威夷毒蛇图鉴》。几乎所有生物学界的学者和学生，甚至是爱好动植物学的普通读者，都十分期待这本书的付梓。毕竟，这是一本"内容绝对无错误"的生物学巨著。

巨著终于出版了。每一位拿到这本新书的读者在翻开书页的那一刻都睁大了眼睛。他们怀着相同的心情，用相同的表情迅速把书从头翻到尾。而在把书翻过之后，他们又做出了相似的表情：大家一言不发，面面相觑。

原来，这本《夏威夷毒蛇图鉴》除了封面上醒目的标题之外，内页全部都是空白。也就是说，这是一本空白的书。

这在生物学界是一个惊天的大新闻。拉塞特教授所在的研究所很快就被从四面八方赶来的记者和媒体朋友们围得水泄不通。大家七嘴八舌地议论着这件不可思议的事，争先恐后地向教授提问，想问出个究竟。

面对把自己围得水泄不通的记者，面对治学不严谨的疑问，拉塞特教授却丝毫没有慌张。他对着不停闪烁的闪光灯，从容地说："对生物学稍有点基础的人都知道，夏威夷是个环境优美的地方，生物种类繁多，但是唯独没有毒蛇。对于一个完全不存在的东西，我该怎么去描述它呢？所以，这本巨著毫无疑问是空白的啊。"

在场的记者和生物学界的学者和学生们听了这些，都惊呆了，场内一片寂静，听得清每个人的呼吸声。他们发现了自己的错误：居然为了一本著述，忽视了常识性的判断。

拉塞特教授看看沉默不语的大家，笑了笑，接着说："对于一本不存在文字的书，自然也就没有错误可言。我之前向大家宣布过的，这将是一本有史以来'内容绝对无错误'的生物学巨著。"拉塞特教授看着大家，眨眨眼睛。

在场的人们恍然大悟。

精彩点评

王立群教授曾经在青歌赛的点评里说："过错是短暂的遗憾，错过是永远的遗憾。"我们可能因为之前的各种原因，生怕犯错误而不敢继续向前，从而错失了可能成功的机会，就像拉塞特教授全是白纸的巨著一样荒诞。毕竟，很多事做了不一定是对的，可是不做一定不会是对的。在生命的过程中，我们将铺展开无数张白纸。只有当我们迈开脚步，勇敢向前，才能绘出生活的样子。

十三、值得纪念的通宵

有一个青年，他在德国哥廷根大学就读，他修的是数学专业，成绩好得令很多人咂舌。

他自小在数学上就非常有天赋，加上他自己对数学的兴趣十分浓厚，勤加练习，从小就受到所有数学老师的喜爱。小学，初中，高中，一直到大学，教过他的每一任老师，都对他交口称赞，没有不说好的。

在数学的海洋中，他几乎没有遇到过难题，偶尔遇到比较有难度的，不消片刻，也在他的算草纸下灰飞烟灭了。所以他少有遇到真正的挑战，他酣畅地在数学的海洋中遨游，傲视天地。

然而这一天，他遇到了一道真正的难题。他的导师，每天会留给他们每个学生三道例行试题，作为练习。第一道题和第二道题，他都在两小时内解决掉了。然而第三道题，却把他难住了。这道题要求只用圆规和一把没有刻度的直尺，来画出一个准确的正十七边形。

本来他以为，只要再用一个小时或者多一点时间，他肯定能把它解出来。然而让他没有想到的是，这道题完全没有他想象中那么简单，他一直奋斗了几个小时，还是没有把题目解出来。

对于他来说，这种情况几乎从来没有出现过，他绝不允许自己有做不出来的例行试题，这对他来说，是一种侮辱。于是他继续解题，想要交给导师一份完整的，三道题都解答出来的答卷。

终于，在经过一夜的努力，清晨的第一道阳光射进宿舍的时候，他把题目解了出来。他长舒了一口气。

当他把试题交给导师的时候，他有些内疚地说："老师，其实这道题，我解了一整个晚上……"

导师没有作声，只是拿起了他写的答题纸条，仔细看着他做出来的那个正十七边形，突然，导师惊呆了。导师一直死死地盯着那张纸，这种状态，把青年吓坏了。终于，导师长长出了一口气，几乎是用颤抖的声音问道："这是你自己解出来的？"

青年很迷惑："是的老师。怎么了？这个不是您出给我的题吗？"

导师没有说话，只是让他坐下，再画一个正十七边形给他看，很快的，青年便用直尺圆规画出了一个正十七边形。

导师看到这一幕，仿佛又被震惊了一次，他这时这才说："你知道吗，你解出了一个已经有两千多年历史的数学难题！这宗悬案，在阿基米德手里没有终结，在牛顿手里也没有，却被你终结了，而且，你只用了一个晚上而已！"

原来，老师也一直在努力想要解答这道题，可是他也没有解出来，出题的时候没有注意，开了个小差，他才将这道题出给了学生们做，否则，他是不可能把这道题出给学生们的。

而这位青年回想这一件事的时候，说："如果有人在这之前告诉我，这道题已经有两千年的解题历史，非常厉害的人，也解答不出来，我是绝对没有信心坐在那里直到解答出来的。"

这位青年，就是数学王子，高斯。

精彩点评

前人成功，譬如世界纪录，总是有人去挑战，去超越，而前人的失败，总是让人望而却步，这是因为成功激励人，失败使人灰心。如果你并不知道这件事容易成功还是容易失败，就如同高斯，以为只是一道正常的数学题，那么你还会踟蹰不敢前进吗？不要轻易用"连……都不行，我更不行"这样的句子来暗示自己，因为有可能，你就是下一个高斯。哈佛教育信条告诉我们，在知识高山的跋涉中，要勇于挑战前人都不能解答的问题，社会在进步，我们也在进步，别人不能做到的，不代表永远没有人可以做到，与其让别人去做，不如自己尝试先做到。这种精神才是学习的精神。

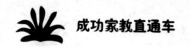

十四、牧鹅人的鹅全都被牧师养死了

有一个牧鹅人，他的牧鹅技术不是很熟练，可是他并没有思索过多，只是按照自己的方式养鹅。刚开始的时候，他进了100只小鹅。鹅的状态还不错，看起来每个都很健康。

他开始思考，要不要去问询有经验的牧鹅人，但是他又有点懒，他想着，我就这么养着吧，反正也不可能把它们给养死。等到真的要出问题，再去问也是来得及的。

突然有一天早上，牧鹅人醒来，发现鹅圈里面，死了一批鹅。他惊慌失措，忙抱着鹅想要去问询别的牧鹅人，突然他发现，离他最近的牧鹅人，也在邻村，要过去的话，比较困难。他想，这是急事，不能耽搁。于是他便跑向了教堂。有事情，问牧师，总是没有错的。

他跑到牧师的跟前，问道："牧师牧师，您快帮我看看，我这只鹅，就快要没命了！"

牧师打了个哈欠："这不是还有气吗？"

他着急地说："可是圈里面，已经死了一批啦！"

牧师坐直了问道："你喂它们吃什么？"

牧鹅人说："小麦呀。"

牧师说："磨成粉了吗？"

牧鹅人说："没有呀。"

牧师拍了一下大腿："这不就是了吗，你不磨成粉，鹅能消化得了吗？"

牧鹅人想了想，怪有道理的，谢过了牧师，就回去了。

回去之后，牧鹅人把自己的小麦都磨成粉，可是还是没用，过了几天，又死了一批鹅。牧鹅人想，还是不对，上次牧师好像很有主意，我还是去问问他吧。

他跑到牧师面前："牧师啊！我又死了一批鹅！"

牧师挠挠耳朵："你喂了磨成粉的小麦了吗？"

他说："对呀！"

牧师又说："那你平时把它们养在圈里还是放在河上？"

他说："圈里。"

牧师指着他："你看你，你这不是错了吗，鹅不到河里，怎么会开心，不开心，不就死了吗？"

他想想，很有道理，于是回去把鹅放在了河里。可是他发现，那些鹅并不会游回来……它们游走了之后……就真的……游走了。

而且不仅如此，后来他虽然用绳子系住了鹅的脚，然而过了几天，鹅又死了一批。

牧鹅人再次来到了牧师的地方。

他说："牧师……我的鹅又死了一批。"

牧师很生气："你没有把它们放到河里。"

牧鹅人哭笑不得："我每次都是听你的啊。"

牧师说："听我的难道就对了？我又不会牧鹅！"

牧鹅人一下子愣住了，他很愤怒，仿佛被欺骗了一样。可是又没法怪罪牧师，的确是他自己要信任牧师的，牧师并没有说过自己很厉害，在牧鹅方面是个高手，等等，虽然他看起来……的确是牧鹅高手的样子。

他连夜翻山，跑去了邻村的牧鹅人那里，那位牧鹅人是个老手，关于牧鹅的经验，说得头头是道，他听得频频点头，非常拜服，也很后悔自己没有早点来讨教，一直求近，结果南辕北辙。

牧鹅人垂头丧气地回到家里，他惊愕地发现，他的最后一批鹅，也死去了。

牧鹅人蹲在地上大声地哭了起来，可是哭泣也没有用，哭泣也不能换回他那一百只亲爱的小鹅。

精彩点评

在学习中，我们每个人都是牧鹅人，为了放好自己的一群鹅，我们要不畏惧任何艰难困苦，不畏惧任何辛酸苦辣。如果我们懒惰，或者随意向人取经，就会对不起自己也对不起学习，最终落得惨败。所谓磨刀不误砍柴工，说的就是这个道理。做好准备，才能做成事情。哈佛教育说，学子最忌讳偷懒，偷懒的下场是时光尽丧，在时间的尽头，每个人手里掌握的东西的多少，完全取决于他路上的勤快与否。

十五、现在开始就不晚

他是一个叫艾可的青年。他特别喜欢学习语言和历史，所有的闲暇时间都被这些内容堆满。无论他白天的工作有多辛苦，只要他能够在休息的时候捧着书本，他就会觉得自己很快乐。可是，他从来没有想过自己可以在读书方面有所发展。事实上，在他满十八岁之后，他很快就结识了一位让他心动的姑娘，并且很快就结了婚。

结婚之后，生活的压力随之增大。几乎所有的精力都被他用在了自己所经营的农场的日常工作和家庭的各种开销上，他所喜爱的学习和阅读也渐渐地被丢到了脑后。他渐渐地发现自己很难再找到空闲的时间来做自己感兴趣的事。

六十三岁的时候，他决定退休。因为自己的身体已经无法承受农场繁重的劳务。他的孩子们都愿意和他住在一起，邀请他前去。但是艾可断然拒绝了他们的请求。

"孩子们，谢谢你们的好意。你们还是搬到我的农场来吧。农场归你们管理，我去山上住。这样我在山上想念你们的时候就能望见你们。"他慈祥地对子女们说。

他意识到，自己已经老到一脚踏进坟墓里了，而自己年轻时所喜欢的事情，那些所谓的梦想都还没有来得及实现。他觉得不能再这么等待和蹉跎下去了。于是，他马上行动起来，在农场周围的山上修建了一间小木屋，开始了自给自足的生活。他自己做饭，料理自己的生活，闲暇时间就到公共图书馆借书读。他感觉自己生活从来没像现在这么充实和快乐。

开始的几天，他还是不能改变自己的习惯，像在农场里一样，为生活而忙碌：清早五点起床，收拾卫生，中午十二点准时吃饭，等等。可是，他渐渐地发现，这些事情完全可以随着自己的高兴而改变做的时间。于是，他开始渐渐地学着打破"常规"，改变自己的习惯。他渐渐地迷上了晚间散步。当他看着月光下的旷野、听到了风声摇曳，他似乎感到了自己与世界共融的美好感觉。这时，他会展开双臂，站在山坡上，欣赏月光普照的大地。

他的行为很快就被小镇上的人们所知晓。人们在坊间议论，认定了他是个奇怪的老头，他一定是疯了。他的子女们也为此承担着巨大的压力。他也为此感到困惑，于是，在孤独里，他重新拾起自己的阅读。

在阅读之中，他找到了久违的快乐。他的脑海中冒出来一个念头：既然如此爱学习，为什么不参加一下大学入学考试，说不准自己能够考上大学！

于是，他说做就做。在积极的准备之后，他参加了耶鲁大学的入学考试。他的成绩并不突出，但是依旧被耶鲁大学录取。在入学之后，他一度感到自己与周围的环境格格不入。他已经六十四岁了，那些为了以后工作挣钱养家的学科已经不再是他关注的重点。他学习的目的是为了了解人们心中所想，为了使自己的人生活得更加有价值。尽管如此，他依旧在学习中找到了乐趣，并且成绩优异。

如论如何，生活都是无限绵长延续的。没有世界末日，也没有世界的尽头。只有不断地向前看，不断地努力去实现自己的梦想，这样才不会在路途中迷失方向。现在就开始为梦想奋斗吧！一切都不晚。

精彩点评

歌手汪峰曾经在歌曲《边走边唱》里唱道："像死去之前的一个疲倦的微笑/像刺入空虚的一把哭泣的利刃/像跪在塔里的一名囚徒的忏悔/像站在山顶的一个弃儿的嚎叫。"每个人都会在生活中遇到各种各样的不如意，我们会觉得自己离自己最爱的事情，自己所谓的梦想越来越远，梦想在左，道路在右。我们总是想去追逐自己的梦想，却没有想过活出自己的梦想。梦想可以通过自己的行动实现，时间不在下一次，而就在当下。

十六、做好力所能及的事

天天是一个十岁的小学生。她很调皮，但是也很愿意学习新鲜的东西。今年春天，她从家乡的农村小学转学到了城里最好的小学，家长希望她能够尽快适应学习环境，努力学习更多的知识。天天也很努力，希望自己能继续在农村小学的辉煌。但是，事情似乎并不是那么如意，城市小学的教育方式和农村的差别比较大，天天和她的家长需要适应的还有太多。

有一次，她回到家，说自己的老师布置了一份长长的作业单，包括家长帮他们拍照片，帮他们听写字词，帮他们上网发表一篇小文章。她说自己一个人做不来这些，希望父母能帮自己做一些。

可是天天的爸爸妈妈都是老实巴交的农民，他们既没有能拍照片的器材，也不懂得上网发表文章。更难为情的是，他们识字不多，根本没法帮天天听写字词。他们很着急，不知道应该怎么帮助天天完成这份作业。他们想，以前没有见过这种奇怪的作业，是不是天天在搞怪，或者说能不能和老师商量一下，换一份作业？于是，天天的妈妈打电话给天天布置作业的老师。

"每个孩子的作业都是一样的，都是按照他们力所能及的范围布置的。你们想想办法吧，你们可以的。"老师笑着说，然后挂掉电话。天天的妈妈不知道该怎么跟天天说才好。

天天也为自己不能完成作业，明天又要在同学面前丢脸感到难为情。

"妈妈，不如让我回去吧。我觉得在这所学校里压力好大。很多东西都是新的，我从来都没有见过。"天天难过地对妈妈说。

"怎么能这么说呢。你很棒的，你可以的。"妈妈说着，脸上并没有快乐。

天天想了想，说："不然，这样吧。老师之所以布置这些作业，最终目的还是为了我们能掌握这些知识。我们没有这些器材，但是我们一样可以掌握它们。老师说过的，要做好自己能做的事。"

于是，天天开始默写字词、画照片上的风景、自己学习上网发表文章，等等。班内的小朋友都嘲笑她的贫穷。老师也会对着她的作业无奈地笑。但是，天天不在乎这些。她只想做好自己能做的事。

很快，他们小学毕业了。那些每天能很顺利完成作业的小朋友都升入了普通的中学，而天天因为自己的努力，意外地获得了国外学校的邀请。此后，她通过自己的努力，获得了更大的成就。

精彩点评

不要埋怨外界环境的无力和不公平。因为所有的抱怨都是无用的，不能改变任何事情。我们能做的，就是把眼前能做的、力所能及的事做好。直到日后成功的那天，你会发现，那些偏见、瞧不起的目光都不重要，你会感谢那些曾经看轻你的人，是他们让你更加充满力量，坚定向前。不要瞧不起身边那些物质条件不如自己的人，毕竟人最重要的是奋斗，而不是躺在安乐窝里做白日梦。不管为何，做好自己力所能及的事吧！

第四章
战胜情绪的恶魔

　　每个人都有自己的情绪。我们可以选择控制情绪成为情绪的主人，也可以选择顺其自然成为情绪的奴隶。或者，有人选择发泄情绪，不知不觉间伤害了自己或他人。事实上，面对同一件事情，不同的人，站在不同的角度，会有不同的看法，也会产生不同的情绪。那么，不妨换个视点吧！也许一切问题都会迎刃而解。

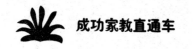
一、快乐本无价，庸人自扰之

从前，有个国王，他过得非常痛苦，他拥有广阔的疆土、用不完的金银财宝，可是他从来不快乐。这个地方起了战火，那个地方粮食闹灾荒……他几乎天天因此而头疼。

他的仆人跟他说，有个人叫伊凡，天天都过得很快乐，他的乐观，名声在外，几乎所有人都知道他非常快乐。国王很好奇，想要见见这个传说中的"快乐的伊凡"。

于是他起程去寻找他。希望他能教给自己快乐的秘诀。沿着一条奔腾的小河，他看到了伊凡的家。那是一个小瓦房，有个简陋古朴的小鸡圈在旁边，几只鸡欢快地咕咕叫着，有个水车立在河道的旁边，在不停地从小河中汲取着水分向岸上引着。还有个风车，在小瓦房的旁边，不知道是什么动力，那个风车一直不停地缓缓转动着。

这一幕看上去，非常不可思议的美丽。国王心中仿佛一下子宁静了，他看着从小瓦房红色的烟囱里升起的袅袅炊烟，着迷一般向瓦房走去。

国王敲敲门，门开了，一张快乐的脸出现，伊凡听说是国王莅临，非常开心，但是并没有惊慌失措，他喊妻子布置菜品，也并没有因为国王光临寒舍令他局促不安，也不觉得自己的地方不能招待好国王。国王在这种完全被平等对待的气氛中，一下子融入了谈话中，渐渐也觉得自己放松了许多。

简单的小菜上桌，国王吃着简单的面包就自家做的鲜乳酪，竟然觉得异常可口。

国王惊奇地问："伊凡，这个是怎么做出来的，一定有秘方吧，为什么这么好吃？"

伊凡笑着说："当然有秘方。"

国王很感兴趣："是什么？方便告诉我吗？我希望回去能让宫中的厨师们也学着做给我。"

伊凡说："这个秘方就是，快乐。"

国王一拍大腿："因为快乐，所以才会觉得格外香甜，什么都变得美好。"

伊凡说："是的。其实从我一开门看到您的那一瞬间开始，我就发现您的烦恼很多，您的眉头一直皱着，但是进屋之后慢慢松开了。您现在感到愉悦，不论做什么都会开心，吃东西也会体会到食物的醇香。如果没有快乐，做什么都不开心，哪怕吃山珍海味，或是经过七十七道工序做出来的东西，也是味同嚼蜡。"

国王频频点头，同时提出自己的困惑："这正是我来的原因。我想问，你为什么能这么快乐呢？你是怎么做到的？而我又该怎么获得这种快乐呢？"

伊凡说："其实快乐很简单，您看，我门前有条小河，这条小河给我鱼，给我电力可以摇动风车，风车的能量可以提供我做出可口的食物，可以交易的东西。这一切看似简单，实际上也是一个属于我的小小国家，它的运行通畅，也是我头疼的问题。我时常也碰到不如意的事情，但是我会走到远处，看我这片家园，我会发现它是多么祥和，多么平静，又多么富于生机。然后我再回来解决我风车的断板，抑或是水车被泥土堵塞的地方。如果我一直忙于处理危机，我的心情也越来越糟，进而危机就可能越来越多，会陷入恶性循环。国王，您很聪明，应该了解了吧？"

国王陷入深深的沉思。他眉头渐渐舒展，不禁拍手大笑。

"就是这么一回事啊！"国王说，"我的国家，问题很多，可是它还是非常美丽，只要我跳出来，去欣赏它，我就会得到快乐，我就会有满满的正能量去处理事件。人不能死抠在生活本身，偶尔也要跳出来去从上空俯瞰自己的一切不是嘛。"

伊凡高兴地点了点头。

精彩点评

　　快乐并不是一件想做就能做到的事情。但是我们要记住，如果放任自己的心情，很有可能事情会越来越糟。所谓否极泰来，也是给乐观向上的人的，而悲观的人，在"否极"的时候，甚至不会用"否极泰来"来安慰自己呢。跳出来去看自己拥有的，而不去想现下麻烦自己的，压力会减少，心情也会变好。不仅在生活中我们要懂得这个道理，对于学习生涯而言，亦是如此。能够调节自己情绪的人，才是一名合格的学子，大学中，有不少人迫于压力产生烦恼甚至轻生，想想人都是自寻苦恼，哪有什么事情真的把人给逼死的呢？只要勇于快乐，痛苦也不会长久。能够调节情绪的人，也会妥善安排好自己的学习课程，休养生息。

二、世间无用是愤怒

吉利在一家大公司上班，他对自己的工作非常不满意。他气不过老板从来也不注意自己。

有一天，他对自己的朋友泄愤："我老板从来也不注意我，我敢跟你打赌，如果我去他办公室报告，他绝对叫不出我的名字。他眼里面根本就没有我这个人。我跟你说，如果他再这样下去，我大不了卷铺盖走人，不在他那干了，受不了这份憋屈气。反正，他也不需要我，我反正什么用也没有嘛，对不对。"

朋友反问他："你为什么要走？你不怕走了找不到工作？"

吉利说："我走是因为，他反正也不需要我。"

朋友叹了口气："你不觉得，这才是重点吗？"

吉利问："你这是什么意思？"

朋友说："你要辞职，不是因为他看不起你，而恰恰因为，他就算没了你，也无所谓。"

吉利有些糊涂："你这不是一个意思吗。"

"我问你，你对公司的情况，了解多少。"朋友问。

吉利挠挠头："我还真不知道多少。"

"那你了解客户需求、客户类型和贸易情况吗？"朋友又问。

吉利不好意思地回答："我……不知道。"

朋友说："你什么都不会，难道还要怪老板眼里看不到你吗？你对他而言，根本是不需要的，他不开除你，对你已经够好的了，你还在这里跟我发火，说老板看不到你，还闹辞职。你小心最后不是你辞职，是你被炒鱿鱼。"

吉利陷入了沉思。

朋友又说："你现在如果走了，那老板根本不会记得你，相反，如果你努力工作，努力学习，努力掌握公司资料和理财方面的各项工作，那么你就会越来越重要，这个时候再去辞职，你一定会觉得很爽。"

吉利顿时大悟，如同醍醐灌顶一般，他觉得这个"报仇"的方法，非常好，于是等他再回到公司的时候，他仿佛变了一个人，努力工作，默默无闻，却再也不埋怨了。

为了能够实现自己的"报仇大计"，吉利每天都苦学工作业务，就算去茶室接水，他也不忘记背每一个客户的要求，每一条业务准则。他没有一天不是在深夜睡觉，在很早起床。他渐渐地在同事中间混熟了，也和老板有了很好的工作上的交流，他开始习惯了这种工作状态，而不是以前消极怠工，还对自己的待遇非常不满意的样子。

有一天，他又在路上遇到了当初劝自己的那个朋友。

那个朋友问他："吉利，怎么样，复仇计划实施了没有？"

吉利摇了摇头，脸上却带着异常的自得："我现在已经不愤怒了，现在公司不只是老板，连同事们都非常重视我，什么事情都会和我商量，老板也会找我过问一些公务上的事情。显然他们根本离不开我了，而我非常享受这一点，我并不想让这样的他们对我失望。我想的只是让忽视我的人失望，可是一旦他们开始重视我，我就不想报仇了。"

朋友也得意地笑了："我早就知道了。其实当你化不必要的激愤为力量，那么你就会收获属于你的东西。"

精彩点评

人常说，不平则鸣，然而在哈佛的教育观点中，恰恰相反。不平，是因为你感受到自己没有别人那么重要，受到重视，或者给予的奖励不等，产生了悲愤的心理，但是回头想想，这难道不是你自己的失误吗？不平的时候，需要的不是"鸣叫"，而是多从自己出发，努力提升实力，为自己挣得那平等的荣耀。每个人对于生活都会有不满，对于不管是人还是事，总会有愤怒的时候。可是每当这个时候，我们要反省的往往是自己，学会控制自己的情绪，把这些没必要的情绪化为努力，节约时间多做实在事，往往会发现自己不仅变得更好，连情绪也变得更好。如果陷入自己主观情绪，用所有的时间去埋怨，只会越来越愤怒，陷入恶性循环。

三、死在冰室里的厨子

厨子汤姆是个称职的好厨师，他善于和属下沟通，也勤勤恳恳做事，常常获得食客们的好评和致敬。

可是他的性格，有一些急躁，他做事情喜欢妥当，一定要确保事情万无一失，如果有突发的情况，他常常措手不及。有一次，他们的餐厅要招待一个旅游团，旅游团在前几天就订好了座位和菜单，在旅游团到达的时候，他本应该已经准备好了一桌子的饭菜，而因为助手把鱼的需求量弄错了，只进了不够一半的人吃的鱼，他们厨房受到了严厉的质疑，而旅客们的情绪也很愤怒，经过长时间的旅程来到这里，却不能好好休息吃饭。

他一下子不知道该如何是好，只能迁怒于助手。而助手虽然被骂，可是也不能解决任何问题。旅客们还是越来越愤怒。这个时候，他的厨房中的一个不起眼的小厨师走了过去，保证那道菜换成更昂贵的一道菜，并且不多收钱。旅客们高兴了起来，并且已经在吃鱼的旅客都露出了懊恼的神情。

这样事情才得以摆平。可是厨子汤姆并没有从那个小厨师身上吸取到经验，他只是更加小心应对，对下属更加严苛了起来。对于灵活应对突发状况，他还是一点都没有得到教训。他擅长把事情归类计划，而且自从那件事发生后，他都会准备两份计划，这一份不行，那一份马上跟进。

可是生活，并不是你可以靠这种方法去把握住的。总有一些变故，在你没有发现的时候，就静悄悄地发生了。

有一天，他走进冰室里去查看新鲜的鲍鱼，回过头来却发现冰室的门已经关上了，并且不知道是谁，从外面将门锁了起来。这个时候刚好是下班的时候，大家都已经走得差不多了，他进冰室的时候没注意可能还有人在，就把门锁上了。他开始喘息，开始焦虑，甚至开始绝望。冰室的门非常厚，他一直不停地喊叫救命，并且用手擂门，可是外面有人的地方很远，根本听不到。他渐渐开始失去了生存的希望，他开始恨那个把门锁上的人，是他害死了自己！仇恨、害怕、死亡的恐惧，渐渐笼罩了他，他已经不能思考，只剩下一点力气，将口袋里的纸笔掏出来，开始写"遗书"。他深知，在封闭的冰室内，温度低于负二十九度，在里面不用多久，自己的生命就会终结。他难过地流下了眼泪，居然最后会死在这种地方，自己还年轻啊。

当人们第二天来到冰室的时候，一拉开门，僵硬的汤姆倒了下来——已经死去了。调查员从最后一个离开厨房的人那里得知，每天离开的最后一个人，负责关灯关电锁冰室和大门。那么，也就是说，冰室的门虽然被锁上了，但同时电也是被切断的。里面根本没有制冷的效果。

最后一个离开厨房的小厨师，还沉浸在大厨离去的惊恐之中，他喃喃道："我打赌，汤姆先生，一定已经惊慌得忘记了这一点。"

精彩点评

人人都会恐惧，对于突如其来的状况甚至是危险，最重要的是冷静下来。但是很多人都没有这种能力，一再否定自己的能力，使得自己错失了离开危险的机遇。这种急躁的情绪是不可有的，只有冷静，才可以拯救生命于水火之中。在突发情况到来的时候，首要想怎么去解决，而不是去埋怨谁，也不是去暴躁，更不是去绝望，如果没有解决方案，那么就等自己冷静一会再想，但是一定不要放弃，到最后一秒也要思考，这样才会获得最大的概率逃生。

四、被"虐待"的青蛙

以前我有一个朋友，他上的大学非常好，但是他一直严谨治学，所有心思都扑在学习上，并没有多余的时间思考人生，或者去社会上闯荡。上完大学又考了研究生，再后来又考了博士，他满以为自己这样的人才，进入社会必定是如鱼得水，万人争宠。

让他没有想到的是，他在学校学到的东西，在社会上根本就没有用武之地。他的行事作风，不能得到领导和同事的认同。他非常灰心，也不知道自己哪里做错了。他觉得周围的人对自己是无端的恶意，他变得越来越敏感，对于别人的一个不经意的眼神，几句无心的言语，或者一句玩笑话，他都觉得是针对自己，要和自己过不去。这种想法越多，他就越觉得所有人都和自己作对，都有意羞辱自己。他开始变得自卑自闭，却故意摆出清高的模样，越发与周围的人格格不入，而越与周围的人格格不入，他就越体会不到别人的善意，更加觉得大家不喜欢自己。他开始陷入了恶性循环。

在工作中，他谨慎认真，还是得不到上级的垂青，在与同事相处的过程中，他谨言慎行，他还是觉得别人看他的眼神怪异。于是他开始绝望，觉得自己做得已经够好的了，却得不到应有的回报。

这种情况在他有一次回家的途中得到了改善，应该说，是一次看似平常的经历，彻底改变了他的人生态度和他之后的人生观。

他刚下火车，走在乡间的小路上，突然看到几个顽皮的孩子，那些孩子在笑着闹着不知道做什么，有的蹲着，有的看着，都围成一个圆圈。

120

他好奇地走过去，发现是几个小孩子在欺负一只青蛙。那只青蛙在田埂上蹲坐着，一个小男孩从自己的暖水壶里面，倒出温开水，从它的头上浇下去，淋得这只青蛙全身都是水。几个小孩笑嘻嘻闹哄哄，觉得好玩极了。

他刚想去阻止，发现那只青蛙的神情很奇怪。他仔细一看，那只青蛙昂着头，一点逃走的意思都没有，它不仅抬着头，还闭着眼睛，一副非常享受的样子。好似在泡温泉一样。

他转身走开，心中的震撼却无以复加。他自己难道不就是那只青蛙吗？而他觉得对自己指指点点、没有善意的那些人，不就是那些不懂事的孩子吗？那只青蛙因为无法体会人类的情感，并不知道自己被欺负，只是因为自己是冷血动物，淋到温暖的水，感到是非常舒服的。而青蛙可以这么做，为什么自己不能这么做呢？

为什么不把别人的态度，当做是温泉，就当做是享受，不要影响到自己的情绪呢？

他有了这种想法之后，回到了公司。在公司依旧默默无闻，可是他再也不对别人的反应产生反感甚至恶意了。他开始甘之如饴。同时，他开始慢慢学习如何与人沟通，学习社交规则，从自己的学术世界走出来，他才发现，要和社会接触，完全不是从书本上就可以得来的。他不在乎别人的冷眼嘲讽，开始积极投身到公司的各种活动中去，不再刻意躲避人多的场合。逐渐的，他掌握了和大家交流的技巧，他才知道自己以前的很多做法，并不是别人的错，的确是因为自己的不对，使自己和大家越来越远。

现在他已经是部门经理了，他时常对自己手下的人说的一句话是"不要被周围环境影响，随时积极调整自己"。

精彩点评

人往往会遇到艰难的境遇，一下子遇到自己不能掌握的环境，常常会产生心理失衡，情绪会随之跌到谷底。可是会调节自己心理的人，就懂得不能随着自己的性子乱来，而要迎难而上，去找到解决问题的方法，所以调节情绪，换个角度看自己，才是正道。哈佛教育我们，为人要机灵，在困境中懂得换角度思考。莘莘学子也要懂得，在人生的际遇中，不乏白眼相加的小人，而你需要做的，是当做"泡温泉"一样，对待不得意，要能够学会忽略甚至享受。这样才能专注于真正的学习、事业，成就一番大事。

五、对失败微笑

　　哈佛大学每年的毕业典礼上都会有一个主讲人。这一点，2008 年也不会例外。然而，对于这一年的主讲人来说，二十年前，她一定想象不到自己真的可以获得成功，做自己最爱的事，并且为此登上哈佛大学的演讲台。这位幸运的女性就是创造了全球图书出版奇迹的"哈利·波特"系列小说的作者 J·K·罗琳。

　　罗琳出身贫寒，父母没有什么文化。他们对她的唯一希望就是她能够成为一名有一技之长的固定职业劳动者。这一点，离她后来的自由作家身份相差甚远。她曾经也想过成为世俗眼中的普通人，做他们所认可的事，并且为此做出了努力。然而，在罗琳上大学之后，她渐渐发现自己对于自己学习的专业缺少动力。她生活中的唯一乐趣就是一个人趴在咖啡馆的桌子上写故事，做着在旁人看来不切实际的梦。这样的生活，对于她的父母来说是难以接受的。他们认为，这是不务正业的行为，是小孩子心智不成熟的表现。

　　"你不可能因此获得任何稳定的工作，醒醒吧！"她的父母这样劝说过她。

　　然而，故事并不是马上得到了转折。大学毕业之后的罗琳选择了平静的生活，做普通的工作，远离写文字做梦的日子，生活依旧贫寒交织。罗琳在演讲时提到，"当我和你们这么大的时候，我最害怕的甚至还不是贫穷，而是失败。"在大学毕业之后的第七年，失败来的更加彻底。罗琳陷入了婚姻危机，带着三个月大的女儿离开了并不幸福美满的家庭。她成了继那些无家可归的乞丐之外最穷的人。她一度想过离开这个世界。

　　"为什么我还要谈起失败的好处呢？简单地说，是因为失败会为我们揭去那些无关紧要的东西。我不再装模作样，终于重新做回自己，开始将所有的激情投入到自己唯一在意的作品中去。如果我此前在其他任何方面有所成功，我恐怕都会失去自己真正归属的舞台上获得成功的决心。"如果不是这样彻底的失败，她也许不会发现自己心里真正想要的是什么，会继续在世人眼中过着中规中矩的生活，一事无成。罗琳说，自己在失败中反而获得了自由，因为她最担心的事不存在了，因为"我还活着，而且，我还有一个我喜爱的女儿、一台旧打字机和一个大理想。"在咖啡馆里，她把关于路上偶遇的黑发小巫师的故事写在小纸片上。既然已经到达了人生的最低谷，也就不再畏惧什么失败。因为她已经没有什么可以失去，唯一可以做的就是抓住自己手里仅有的笔，全力以赴。

"当然，你们不会像我一样，失败得那么惨，那么彻底，但你们不可能不在任何事情上没有任何程度的失败。如果你因为生活谨小慎微而没有任何失败，那么这样的生活还不如没有生活过。这样的生活本身就是失败。"罗琳微笑着对坐在台下的哈佛学生们说。很多事情，如果做了有可能会失败，但是如果不做就一定不可能成功。生活本来就是一次尝试，如果每一次都是选择在开始之前结束，完全没有打响战役的热情，那么最后就只能剩下老大徒伤悲的感叹。失败并不可怕，可怕的是没有敢于面对失败的勇气。

精彩点评

失败是每个人都会遇到的，它会使勇者更加坚强有力，使懦夫更加懦弱退缩。生活不可能永远一帆风顺，而生命不相信眼泪。普通人之所以默默无闻、一事无成，其中一个很重要的原因是他们不能承受失败的痛楚。然而，只有经历了最深刻的痛苦才能体验到美好的甜蜜。放眼哈佛大学历届成功人士，没有一位不是在一路摸爬滚打中跌跌撞撞，擦干眼泪勇往直前。不敢面对失败的人，永远不会有机会面对更大的成功。坚强起来吧，对失败微笑！

六、愤怒的钉子

愤怒是人的基本情绪之一，人们在愤怒的时候总是喜欢口不择言，殊不知，这往往会给对方造成不可挽回的伤害。就算事后再用道歉来补救，也无法避免对别人心灵造成的创伤。曾经有一个故事打了一个十分恰当的比方。

有一个小男孩，他的脾气十分暴躁，经常动不动就发脾气，哪怕根本没有人与他交流，他也会产生莫名其妙的怒气。这让生活在他身边的人每天都心惊胆战。他的父母也为他的脾气非常担心，担心他会交不到一个朋友，无法进行正常的生活。

他的父亲实在看不下去他到处乱发脾气的行为，于是他想出了一个方法。他将孩子带到家中花园的篱笆前，并且交给他一袋钉子和一把锤子。他告诉孩子："从今天开始，你每发一次脾气，或者每跟别人吵一次架，就往篱笆上钉一颗钉子，能做到吗？"男孩看着父亲认真的神情，答应了。

男孩认真地执行着父亲布置的任务。第一天，男孩就在篱笆上钉了35颗钉子。男孩这才意识到，原来自己一天居然能够发这么多次脾气。钉一次钉子对于他来说要花费极大的力气，在钉钉子的同时他也在思考自己发脾气行为，渐渐意识到自己的脾气发的实在不应该。于是，钉在篱笆上的钉子在一天一天的减少，第二天减到30颗，第三天减到25颗，第四天他只钉了15颗钉子……

他渐渐觉得，其实控制自己的脾气比钉这些钉子要容易得多。终于有一天，男孩发现他一整天都没有在篱笆上钉钉子，他兴冲冲地跑去找父亲："爸爸，你看，我今天一天都没有发过脾气了。"爸爸拍拍孩子的头："做得好，儿子。从今天开始，只要你能够坚持一天不发脾气，就可以从篱笆上拔出一颗钉子。"

儿子也照做了。他慢慢的学会了控制自己的脾气，不再到处与人吵架，在爸爸的鼓励下，他几乎每天都能够拔掉一颗钉子。不过即使是这样，他也觉得拔钉子的速度太慢了，因为钉子实在是太多了。每当这时候他就会陷入沉思，反思过去的自己。

终于有一天，他将篱笆上所有的钉子全部拔光了。这时的小男孩已经成为一个性格温顺的孩子了，他的朋友渐渐多了起来，父母也不再整天为他担忧，每个人的脸上都多了些笑容。

父亲带着儿子来到这些篱笆前，说道："你做得很好，孩子。但是你看，每个钉过钉子的地方都会留下一个孔，而这个孔注定永远留在这里。这就像是你发脾气时在别人心中留下的伤口，虽然你现在可以很好的控制自己的脾气，但是对他们来说，这个伤害是永恒的，他们的心中将永远留存着这一道伤疤。"

小男孩听到这话，流下了眼泪："爸爸，我明白，我的坏脾气给别人带来的伤害光靠道歉是弥补不了的。"小男孩从父亲那里了解了发脾气的糟糕后果，从那以后再没有重蹈覆辙。

不过托这位父亲的福，小男孩得到了正确的教育，以后便不会走错路。

精彩点评

我们发泄自己的愤怒时，是完全失去理智控制的，所以也无法估计到底给别人造成了多大的伤害。但是唯一可以确定的一点是，这种伤害是无法估量，无法挽回的。细数一下，到现在，我们伤害过多少人了？哈佛的一条教育理念就是希望学生能够控制自己的行为。也正因如此，哈佛的学生能够更好地与人交往。但是有的时候，已经造成的伤害没有办法挽回，所以从现在开始就更要努力改变自己，避免因为自己的失控造成更多错误和伤害。这事说起来简单，做起来难。如果实在难以控制，不如仿照文中小男孩的方法进行尝试，如果这样的话，希望你没有机会钉入任何一颗钉子。

七、刮胡子的犹太人

　　"二战"时期德国纳粹令人发指的罪行还历历在目，他们对犹太民族的屠杀，和为了屠杀犹太人所建立的集中营，尤其是奥斯维辛集中营，在历史上从来都是耸人听闻的。被送进集中营的犹太人，几乎都被各种各样的方法折磨致死，只有极少的人活了下来。

　　当时，有一个年轻的犹太人就被德国纳粹抓住，并且不停地辗转于各个集中营间，最后被送到了奥斯维辛集中营。

　　来到奥斯维辛集中营的犹太人几乎是没有活路的，这里被关押的犹太人几乎每个脸上都是死气沉沉的神色。可是这个年轻人和他们完全不一样。他即使天天生存于绝望之中，也不会忘记每天刮胡子。不管他的身体有多么虚弱，哪怕只是用一块打破的玻璃片，他也坚持每天都将胡子刮得干干净净。

　　因为他发现，在每天早上犹太人列队接受检查的时候，那些面黄肌瘦，胡子拉碴，身体虚弱的犹太人就会被拉出队伍，集合起来送到毒气室里去。这个人发现了这一特点，于是就坚持每天把自己收拾的干净利落，至少刮过胡子的自己看起来精神不错，面色红润，作为青壮年劳动力会被检查的人员留下，继续在这里做各种苦力。

　　虽然他利用这种方法逃过了死神一次又一次的光临，但是集中营内的生活条件实在太差，即使他每天坚持刮胡子，也逃不过饥饿和虚弱的侵袭。每天只有一顿饭，并且都是发了霉，硬的咬不动的食物；根本没有足够的地方睡觉，10 个人要挤在一张长不过 3 米的床上；每天凌晨天不亮就要被叫起来工作，一直到天完全黑。

127

　　这样的生活日复一日，让这个年轻人有些不堪忍受。他一直在想究竟能有什么办法可以逃出去。他去请教和他同住的犹太人，可是所有的人都嘲笑他太过异想天开了。这里的每个人都在等死，可是这个年轻人想要生存的欲望相当强烈。他想起家中的妻儿父母，下定决心，一定要想办法逃出去与家人团聚。

　　上天不负有心人，机会终于让他等到了。有一天，他们被送到了集中营的外面干活。他发现离他们干活不远的地方有一堆堆起来的赤裸的尸体。他心想，也许逃生的机会真的来了。

　　他趁监督他们的军官休息的时候偷偷钻到卡车底下脱光了衣服，又趁着所有人都没有发现的时候钻进了那堆尸体中。

　　虽然他的周围充斥着恶臭和蚊虫的叮咬，可是他咬着牙坚持着，一动不动。只要再一会儿，再一会儿，他就能够逃脱出去，和家人团聚了。

　　终于，夜色降临的时候，所有人都离开了，他确定周围没有人以后，从那堆尸体中出来，朝着与集中营相反的方向飞奔了起来。他马不停蹄，一刻都不敢松懈，一口气跑了几公里的距离。

　　要知道，他是第一个成功地从奥斯维辛集中营逃脱的犹太人，他创造了一个奇迹。

精彩点评

　　这个世界上并没有绝望的处境，只有对自己的处境绝望的人。放弃什么，都不能放弃希望。因为在这种时刻，一旦放弃了希望，就是放弃了生存下去的机会，放弃了自己的生命。在极其困难的处境之中，不要消极的逃避，而是积极的面对，才能够获得更多的可能性。就算是面对生命的威胁，也不要自暴自弃，就像文中的犹太人。在哈佛受到教育的学生们都坚信着，放手一搏的话，还有机会生存下去，可是如果坐以待毙，就真的一点希望都没有了。更何况我们在生活中遇到的难题比这要容易得多，因此，学会用积极的态度去面对问题吧。

八、清洁工与肖像画

有一位富翁，一直和他的儿子生活在一起。父子两人有一个共同的爱好，那就是收藏各地的稀世珍宝。他们在一起时经常谈论这些珍品，这个爱好为他们带来了许多欢乐。

战争爆发了，富翁的儿子征兵入伍。儿子不在身边，富翁也没了欣赏珍品的心情，他天天盼望着儿子能够早些回来。可是天不遂人愿，他的儿子在一场战役中战死沙场。那是一个圣诞节的夜晚，富翁盼望着儿子能够回来与他一起度过圣诞节，没想到等来的却是一个噩耗。儿子的战友带回来儿子的一幅肖像画，是他最后的遗物，希望留给父亲。

自那以后富翁再也没有去世界各地收集过名品，而是整天对着挂在墙上的儿子的肖像画发呆。因为思念孩子过度，富翁没过多久就病死了。临终前，富翁提出要把他收藏的所有东西拿出来拍卖。

这个消息引来了世界各地的收藏家，他们久仰富翁的盛名，都希望能够从这场拍卖会上得到价值不菲的东西。

让大家没想到的是，第一个拍卖的竟然是富翁儿子的那幅肖像画。拍卖师讲述了这幅画的来历之后，整个拍卖会场都陷入了一片寂静。毕竟这幅画并没有任何的艺术价值，而且他们对一个已死之人的画并没有任何兴趣。

拍卖师看出了大家的不情愿，便试探性的开口："有人愿意出 100 美元买下这幅画吗？"并没有人应声。

拍卖师又试探性地问："那 50 美元呢？有人愿意用 50 美元买下这幅画吗？"

仍然没有人举起牌子。

这时人群中有一个声音说道："谁会想要买这样一幅粗制滥造没有任何价值的画啊？还是快点把那些宝贝拿上来给我们看看吧！"此话一出，立刻得到了大多数人的复合。

拍卖师却说："这可不行，因为遗嘱上指明要先拍卖这幅画。我再问一次，真的没有人愿意要吗？"

这时，一个胆怯的声音响起："10美元你会卖吗？我身上只有这么多钱。"说话的人是以前在富翁家工作的一个清洁工。大家看到这个人穿的破烂的样子，脸上都显现出了不屑的神情。拍卖师却没有蔑视他："还有比10美元更高的价钱吗？10美元一次！10美元两次！……10美元三次！成交！"

拍卖师郑重地将这幅画递给清洁工："这幅画是您的了。"

底下的人群又开始骚动起来："现在可以开始拍卖那些宝贝了吧，快点开始吧！"

拍卖师却说道："不，拍卖会到此为止。"底下顿时一片哗然。立刻有人质问道："开什么玩笑，我们大老远跑到这里来就是为了看你拍卖这幅破画吗？！"

拍卖师严肃地说道："这是因为根据这位老人的遗嘱，买下这幅画的人就可以获得他的全部收藏品。而你，"拍卖师对着清洁工说，"得到了这位富翁的所有财产。"

底下的人群面面相觑，竟不知该说什么好了。

精彩点评

就像那个著名的难题，去果园里摘一个尽可能大的苹果。大多数人都是贪婪的，他们摘到一个总是希望能够有更大的，周而复始，永远得不到满足。可是最终他们才发现，其实被他们舍弃的才是最大的那个，他们其实什么都没有得到。曾在哈佛就读的一位成功人士就曾说过：永远不要轻视任何一件事物的价值，也永远不要因为贪婪而错失了它。人生中有许多事情都是如此，看起来一文不值的东西，没有分量的事情，背后也许隐藏着巨大的玄机。所以千万不要因为贪婪而想投机取巧，更不要因为贪婪而舍弃自己应该拥有的东西，去追逐海市蜃楼般的虚无。

九、林肯的八次失败

　　亚伯拉罕·林肯是美国，乃至全世界的一位杰出人物。他作为一位总统，在历史上做出了多个重大决策，甚至改变了世界。可是有一件奇怪的事，那就是在他人生中的 10 次重大选择中，却只有两次成功了。

　　林肯的第一次绝境出现在 1832 年，那时候美国经济大萧条，林肯也因此失去了工作。可是他不甘心就这样去领那些微薄的救济金艰难度日，他决心一定要找一份更好的工作。

　　于是他下决心不再从事波动剧烈的金融行业，而是改行从政。下定决心之后，林肯便去参加了州议员的竞选。可是根本就没有人会注意到这个名不见经传的小青年，他理所当然的失败了。这个时候经济已经渐渐回暖，林肯便想办法又办了一个企业。可是显然好运气总是轮不到他，企业在还没有开始盈利的时候就被迫倒闭了。他解散了员工，还欠了一屁股债，自那以后的一段时间内，他每天都在为身后的债务发愁。

　　解决了债务危机之后，林肯又尝试着去竞选州议员。这一次幸运之神终于帮他一把，他终于竞选上了。这次竞选州议员的成功对他来说是一次很大的鼓励。他觉得自己的人生也许就会因此而出现转机。并且在这一段时间内，他结识了一位美丽的姑娘，他们都得到了双方家庭的认可，并且很快就要结婚了。林肯觉得这一定是苦尽甘来了。可是没想到，那位姑娘居然在结婚的前几个月不幸离世了。这对于林肯可以是一个致命的打击。他陷入了颓废之中。自那个姑娘死后，林肯便生了一场大病，卧床数月。

　　可是病好后，林肯又重燃起了对生活的希望。他不相信自己会一直这样倒霉下去，他又鼓起勇气参加美国国会议员的竞选，不出意料的又失败了。

　　他并没有气馁，在进行了四年的充足准备后，他再次去竞选国会议员。他认为自己这次准备的十分充分，民众一定会选择他。可是事与愿违，他不仅没有竞选上国会议员，还又欠了债。为了还这些债，他向政府申请成为一名土地官员。可是就连这个请求也被驳回了。驳回函上写的理由是：一名土地官员必须拥有卓越的才能和超常的智慧。

　　也许许多人到这个时候就已经完全放弃了，也许会认为自己的人生就是这样了，从来没有别人能够拥有的运气，即使自己努力地去争取，也没有任何获胜的可能。

　　可是林肯不这样想。虽然他在两年后的参议员竞选上再次失利，但是他执着地认为，这些都是上帝对他的考验。只要他坚持下去，再试一次，下一次就会成功。于是，他真的再试了一次。而这一次，就把他推上了总统的宝座。

　　虽然他失败的次数令人发指，他却从来没有放弃过追求，因为他深知，追求就是还有机会，一旦放弃，就注定失败。

精彩点评

　　林肯之所以成为林肯，就是因为他这种永不言败的精神。哈佛之所以能够培养出众多的人才，也正是因为哈佛永不言败的精神。试想一下，如果林肯在遇到任何一次挫折的时候止步不前，认为自己没有能力成功了，那么世界上就会少了一位伟人。而我们大多数人，就是在这一次又一次的挫折前被磨去了棱角，从此认为自己是无法成功的。也正因为这样，才有这么多平凡的人。但是，其实只有能够一次次克服挫折坚持下去的人才能够有所成就。那些遇到困难便畏缩不前的人是没有成为大人物的资格的。

十、控制情绪

有一个年轻人在仕途上崭露头角。他托了很多关系联系到了一位资深的政界要人，想要向他请教在政坛上获得成功的秘诀，以便自己能够在仕途上获得更快的成长。

政界要人很愉快地就答应了他的请求，但是提出了唯一的条件：在他发表言论的时候不要插话，否则就要付给他五美元。

年轻人想了想，觉得这不是个苛刻的要求，做起来也不会太难，于是欣然答应。

政客问道："那么什么时候可以开始呢？"

年轻人想了想，认真地说："现在就可以开始了。"

"好的，"政客一本正经地说，"第一条就是，当有人开口诋毁你诽谤你甚至侮辱你的时候，你一定不要感到愤怒，并且怒气难消。这是第一点，这一点非常重要。"

年轻人不以为然地笑了笑，说："这一点我能做到，先生。我才不会去和他们计较呢，更不会去生气，因为我不在意别人所说的话。"

"噢，那真是太好了。这是我经验里的第一条，也是很重要的一条，你要能做到真是再好不过了。你不知道，你这么一个带着流氓气、没有道德底线的人进入政界真是……"

这个时候，年轻人开始坐不住了，他喊道："先生，你怎么可以骂人……"

"请付五美元，谢谢啦。"

"哦，对不起，我忘记了。这是个教训是吗？"年轻人尴尬地坐下。

"对，这是个教训，不过也包含着我的一些看法……"政客抽了口烟，轻蔑地看看年轻人。

"先生，你怎么能这么说呢？"

"请付五美元，谢谢。"

年轻人暴躁地跳起来，大声喊道："这又是个教训是吧？你这钱赚得也太快了吧？"

"当然啦，现在我已经赚了十美元了。你要不要先考虑把它付清？不然的话……众所周知，你这人的信誉并不是……"

年轻人满脸通红，愤怒地说："够了！你这个可恶的人！"

"请付五美元。"

"又是一个教训是吗？让我好好想想第一条……"

"那好，现在你该不会轻易打断我的话了吧？我知道，你本身是个值得尊敬的人，只是你的家族声誉不太好。我记得你父亲……"

"你不要瞎说！"

"请付五美元。"

……

于是，这位容易愤怒的年轻人最终花费了昂贵的学费才懂得了如何控制自己的情绪，终于开始意识到了自我克制。

精彩点评

我们常常会在自己出现情绪波动的时候说："我控制不了自己，我就是很……"然而，情绪作为我们的一个附属品，如果我们自己都控制不了它，反而被它控制，真不知道自己还能控制得了什么。"我也有不快乐的时刻，因为我们是人。"这是哈佛大学心理学教授泰勒·本·沙哈尔的经典名言之一。每个人都有可能遇到和自己意见不同，甚至有冲突的人。我们需要倾听他们的观点，并且做出回应，但我们不需要为他们的不同意见产生愤怒，并且为这份愤怒买单。只要心中有阳光，就会有好天气。

十一、捡不回来的鸡毛

圣菲利浦是 16 世纪在古罗马很受大家爱戴的神父。不管他走到哪里，身边总会围绕着众多听他布道的追随者。

这一天，一位美貌的少女找到了他，向他诉说自己的烦恼。这位姑娘是个善良的人，只有一个缺点，就是管不住自己的嘴，喜欢说一些别人的无聊闲话。她已经意识到了，因为自己的这个缺点已经伤害了很多人，甚至包括自己最好的朋友。自己也因为这个缺点遇到了很多的困境。她想改变这个现状。

圣菲利浦神父耐心地听她讲完这一切，对这位美丽的姑娘说："你已经意识到自己的错误了是不是？你不应该随便去说别人的无聊闲话，也不该去随便议论他们的缺点。那么，我希望你能够真诚地忏悔，赎罪。"

美丽的姑娘马上回答道："我愿意。"

"那么，你去买一只母鸡吧。带着这只鸡到城外慢慢散步去。记住，要一边走，一边拔母鸡身上的毛，直到把它们拔光。然后你再回到这里。"

美丽的姑娘一知半解地看着神父，困惑地照神父所嘱咐的赎罪方式去做了。

她买了一只母鸡，抱着它走在城外。她一边走，一边拔鸡毛，然后把鸡毛撒进风里。很快，她拔完了所有的鸡毛，回到了神父身边。

"我已经按您所说的方式做完了。"姑娘看着神父，依旧不解。

"好的。那你现在已经完成了赎罪的第一步。我们来施行第二步吧。你原路返回，把刚才散尽的鸡毛全部捡起来。"

姑娘叫了起来："怎么可能做到！"她惊讶万分，"风已经把鸡毛吹散了，也许我能捡回一部分，但是无论怎样我也不可能把所有的鸡毛全部捡回来啊。"

"对，你说得没错。这些鸡毛就像你说出去的闲话，它们在你说的时候在你身边，你觉得自己想收回来随时可以收回来。但是，真的是这样的吗？"圣菲利浦神父语重心长地说。

"的确不能。"姑娘低下了头。

"所以，在你想要说别人闲话的时候，想想那些捡不回来的鸡毛吧。千万不要让闲话和鸡毛一样到处乱飞，你能做到吗？"

女孩陷入了长久的思考中。

精彩点评

"君子一言，驷马难追。"古语又说，"说出去的话，泼出去的水"，是覆水难收的。我们在说别人长短的时候，难保听者有心无意传播到更广的地方。而对于那些会伤害到他人的言语，更是容易带来更大的伤害。不要让负面情绪从自己的嘴里倾泻出来，否则，它们会像鸡毛一样，随风乱舞。

十二、报错恩的考官

安东尼为一个面试已经准备很久了，那是他非常仰慕的一家公司，美国的环球代理公司——雅利安。其因业务的需要，需要招聘四名职员，分别担任业务部和发展部的主任助理。

优厚的待遇和发展前途自不必多说，在和众多非常有能力的人竞争过后，安东尼终于脱颖而出，成为十个候选人之一。

机遇就在眼前，能否成为那荣幸的五分之二，就看最后一次的面试了。这个概率还是非常高的，已经走到了这里，谁都不想输掉。

安东尼站在了面试考场的门前，深吸一口气，走了进去。今天他穿得格外整洁干净，看上去精神抖擞。

他一进考场，就愣住了，他看到了自己崇拜已久的贝克先生。雅利安公司的人事部主任代维曾告诉过他，这位贝克先生将要负责他的最终面试，而这位贝克先生，年纪才四十岁，已经成为了国际知名的大企业家，他的一生可以写出一部书来，其人格魅力也是独具一格。

站在这样一个拥有着传奇一生的成功人士面前，安东尼的心跳不由自主地加快了，他努力镇定着自己，可是就在贝克先生看到他的那一秒，他突然极其激动地冲了过来，热情地拉住安东尼的手，大声说道："安东尼先生！是你！我找了你许久了，你就是救了我女儿的人！"

说着他还对其他考官喊道："这就是我常和你们提起的，救了我女儿的恩人。"

安东尼完全糊涂了，这是什么情况？他完全不记得曾经救过谁。

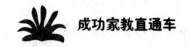

他努力平静自己的心跳："贝克先生，应该不是我吧，我不记得——"

贝克先生依旧情绪高昂："怎么会不记得！都怪我的划船技术不好，把我的女儿掉进了密西西比河里，当时就是你，把我的女儿救了上来，当时情况危急，不是你的话，我的女儿估计……我太感激你了！"

安东尼还是说："我并没有这种经历，您真的认错人了。"

贝克先生坚持着自己的看法："您不能继续这样说了，我难道连跟恩公道一声谢谢的机会都没有吗？虽然当时很混乱，情况紧急，我不太记得您的长相，但是您脸上这颗痣，我是记得清清楚楚的，您就别再推辞了，当时就因为担心女儿的安全，没能跟您说声谢谢，现在可以了。"

安东尼知道，如果此时说自己是，那么这个人情分数加上去，完全可以让自己顺利进入公司。可惜……自己并不是那个人。

安东尼用坚定的眼光，看着贝克先生："对不起，让您失望了，可是我的确不是那个人。我没有失过忆，如果是这么大的事情，我不可能不记得。"

贝克先生慢慢露出了笑意："恭喜你，通过了面试，你非常诚实，我代表公司，欢迎你。"

安东尼在公司工作了一段时间，所有人都非常喜欢他，他的工作能力，更是得到了所有领导的称赞。

在一次和代维聊天的过程中，他问起了那个救了贝克先生女儿的年轻人。想知道有没有找到他。

代维一愣，继而大笑："他女儿？有七个人因为他女儿被淘汰了，其实，他根本没有女儿。"

精彩点评

和人相处最重要的是诚实，面对一个诚实的人，就算是陌生人，也会知道你是可以被信赖的。如果你不诚实，在和陌生人相处的时候，你就会与机会失之交臂，而如果你不诚实，也不会认识熟人——他们都会在第一次和你说话的时候，就远离你。哈佛教育我们，要成为一个有知识的人，其实并不是最高级别的学习，身而为人，我们要知道怎么去做一名人品好素质高的人，诚实是社会最基础的信条，可是还有很多人尚且做不到，学会诚实，是迈向社会成功的第一步。

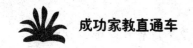

十三、淹死的都是会水的

在麦格小的时候，她的妈妈常和她说一句谚语，叫做"淹死的都是会水的"。这个"水"字，是名词做动词，代表游泳的意思。麦格小的时候并不懂得这句话，可是随着她渐渐长大，慢慢体会到了这句话。

麦格长大之后，成为了一个远足者，她酷爱旅行，在广袤的大地上寻找和发现美丽的风景，对她而言，是最好的放松。

这一天，她和两个非常要好的朋友一起去旅行，在旅行之前，他们查好了旅行路线上的天气，等到达第一个目的地的时候，会下雨，于是他们另外两个人，一个人带了一把雨伞，另一个人带了一根拐杖。他们都非常自得，一心认为自己的准备非常万全。

就这样，三个人各自出发，寻找自己的美景。到了晚上，麦格率先回到了三个人的根据地。这样子过了好一阵子，其他两个人才姗姗来迟。只见那两人，一个满身湿透，另一个身上摔得一片青一片紫的。

麦格惊呼："我的天哪，你们这是怎么回事。"

那两个人丧气地看着麦格："你洗过澡了？"

麦格说："没有呀。"

湿透的人很吃惊："那你怎么干干净净的！外面下着很大的雨啊。"

另一人也很吃惊："你怎么会这么干净利索？这怎么可能？"

麦格轻轻一笑："告诉我，你们又是怎么弄成这样的。"

湿透的人说："我因为有雨伞，我非常大胆地在雨中行走，但是我没有发觉其实有风，风多少刮着雨水到我的身上，我慢慢就湿了，发现的时候已经来不及了，湿透了……"

麦格又问："那么，你为什么没有摔伤呢？"

湿透的人说："我没有拐杖，所以不敢走崎岖的地方啊。我都挑的比较平顺好走的路。"

麦格笑了，她转向那个被摔得青紫的兄弟，问道："那么你呢？你为什么被摔得这么惨呢？"

摔伤的人说："我有拐杖，所以我不怕崎岖的路面，我为了看更壮丽的美景，就专门走崎岖的地方，好景是看到了，结果老是忘记脚下的路况，因为觉得有拐杖，反正不会摔，就不看路，可是偏偏一个不注意，我……就摔倒了。"

麦格又问："那么你为什么没淋湿？"

摔伤的人说："我没有雨伞啊，所以我都躲着雨走，就没有淋湿。"

麦格说："你们看，我又没有雨伞，也没有拐杖，这就是为什么我既没有淋湿，也没有摔跤。我不会在雨里走，也不会去崎岖的地方。我万分小心。你们以为你们所拥有的长处，往往才是致命之处。因为过分相信和依赖自己的长处，而忽略了你们面临的处境。这就是为什么'淹死的都是会水的'。因为相信自己的能力，忽略了自己所在的位置。没有一分忧患的心，再有优势的人，也不免面临窘境。"

精彩点评

生活中，我们往往都有自己擅长的和自己不擅长的地方。我们通常以为我们的困境都来自于我们不擅长的地方，而好笑的是，有的时候就是我们擅长的地方，造成我们盲目自信，认为"这个我会，一定不会错的"。就是这个"一定"使得悲剧发生，以往生活中是没有一定的，随时我们都要擦亮双眼。不擅长的地方，我们会加倍小心。这也就是为什么常常在看病的时候，名医未必比实习生厉害。名医很懂，可实习生细心。这个细心，就是所有病人最需要的。细心地去做一件事情，往往比你会做这件事情，要做得好，虽然费时间，但是结果可能会更加好。

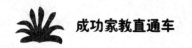

十四、开锁的魔术大师

大魔术师胡汀尼，因为他的魔术，非常出名，他的开锁技能，几乎是无人能敌的。在他开锁的生涯之中，他击败过很多人，有很多非常精明的锁匠，对自己的锁非常有信心，特地制作出来一些难开的锁，来挑战胡汀尼，可是无一例外的，他们全部败给了这位会开锁的魔术大师。只能看着他把自己精心制作的锁头撬开，没有任何办法。

随着胡汀尼开锁技巧的纯熟，他开始自傲起来，他甚至说，给他任何一个上了锁的封闭空间，只需要一个钟头的时间，他就能从里面脱身而出。条件是，一定要让他穿他自己特制的开锁服。里面装了他所有特制的开锁工具。而第二个条件是，不许有人在旁边观看。因为这涉及他的商业机密，一旦这个过程被别人看到了，他就不是那个唯一的开锁魔术师了。

有一个小镇的居民，因为知道了这件事情，有意想要刁难这位开锁大师。他们请人特制了一座监牢，监牢的门是用一个完全密闭的铁门制成，而其锁头则用重金打造，拥有着非常巨大的体型，其中的构造也复杂极了。他们将这座监牢治好之后，就将它摆放到了小镇最繁华的地段，并且邀请了所有被胡汀尼羞辱过的锁匠们，一起来看这场精彩的"表演"。

择日，他们就邀请了胡汀尼，而胡汀尼非常有自信，来者不拒，非常赏脸地来到了这个小镇，他也想看看自己，能不能再次震惊人们的眼球呢？

胡汀尼走进了这座监牢，穿上了自己特制的衣服，而人们也都遵守着他的约定，纷纷背转过身去，不去看这位大师的开锁过程。

就这样，胡汀尼，从特制的衣服中开始一一掏出自己的开锁工具，工作了起来。他不断用各种工具去尝试，十分钟过去了，三十分钟过去了，胡汀尼还是没有打开这座牢门。四十五分钟过去了，胡汀尼开始冒汗，因为离自己定下的一个钟头的时间，已经不到十五分钟了。他将脸贴向牢门，不断用被汗浸湿的手调整着工具，期盼能够听到那一声弹簧清脆的"咔吧"，然而，终于，一个小时过去了，胡汀尼没有将门打开。

虽然已经失败了，胡汀尼还是没有放弃，他继续尝试着开锁，他不敢相信这把锁他不能打开。

终于，在两个小时到了的时候，胡汀尼整个人被汗水浸湿，他再也没有力气去开这把锁了，他想要休整一下，将身体整个靠在了牢门上面，令人意想不到的是，牢门就这么开了，而还在半闭着双目的胡汀尼，完全没注意到身后的变化，从牢门中倒了出来⋯⋯

原来这把锁是特制过的，没有一定的压力，无法带动整个门的打开，也就是说，牢门关上的时候，只需要把门推开，胡汀尼就可以走出来，也就是说，这个牢门，相当于没有锁上，可是胡汀尼太在意锁，已经忘却了门的存在。他并不是在开门，他所有的关注，都于于要听到那个锁头的一声"咔吧"，因为这个目的的移位，他失去了这次挑战的成功。

小镇的居民和胡汀尼开了一把大玩笑。门没锁，胡汀尼的心却锁上了。

精彩点评

技能的高低，对于评价一个人，是非常重要的。没有技能的人，在社会上完全没有立足之地，而比技能更重要的，是生活的智慧。对于细节要注意，同时也不要忘了看全局。胡汀尼就是因为太注意一点，却忘了看其他部分。要尝试各种可能性，如果不能开锁，为什么不能尝试用别的方式出门？生活，不只有一种结局。哈佛精神告诉我们，要能机动地面对生活和学习，这种方式不行，可否换一种思考方式？或许就能脱困。

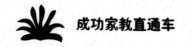

十五、活佛与猛犬

　　索甲仁波切是一位上师。他在 20 世纪最受敬重的精神导师蒋扬钦哲仁波切的养育下长大，系统地学习了藏传佛教的佛法之后，在 1971 年前往英国剑桥大学，继续攻读比较宗教学，并在之后于西方弘法。他把弘扬佛法当做自己毕生的事业，在中外思想界具有很大的影响。他在著述《西藏生死书》中用生动、简洁的文字阐述了生死这一人生终极命题，解开了很多人的心锁。

　　然而，就是这样一位学贯中西的上师，也有过困惑和恐惧的时候。

　　在上师年轻的时候，一次和自己的随从一起到另一位上师家拜访。这时的索甲仁波切已经在佛法上有了很多自己独到的见解，向他请教学习的人已经有很多。他的随从一路上向他请教了很多的问题，他对答如流。他们在寒风里一路走来，学生和老师说说笑笑，心情愉悦，路途轻松愉快。到达上师家的时候，他们说笑着推门而入，没想到，在院子里的几只猛犬突然冲着他们大叫起来，他们吓得一个趔趄退后。原来，这位上师家的院子里有几只凶猛的藏獒。藏獒又被称作雪山狮子，被藏民视为神犬，它们个性刚毅，野性尚存，凶猛起来相比狮子有过之而无不及。徒弟带着哭腔喊屋内上师，希望上师能够出来迎接他们，赶走猛犬。藏獒的叫声如此凌厉，而院内的主人迟迟没有出来应答。索甲仁波切的随从经受不住藏獒凌厉的吼叫，吓得哭泣起来，甚至害怕得要跑回去。索甲仁波切的心里也有恐惧，他看着这几只藏獒，也担心他们会挣脱开拴在它们身上看起来很脆弱的绳索，即刻扑过来，咬碎自己的喉咙。

　　他站在门口犹豫片刻。他的徒弟看到他如此犹豫不决，更是面无人色。

这时，屋内的上师走出来，朝他们招手，示意他们不要在意。索甲仁波切看着上师慈祥的脸，不好意思地笑了笑，拉着自己的徒弟咬紧牙关冲过了院子，走进屋子里。

　　当他们在屋子里坐定，再看窗外的几只藏獒。它们都很驯顺地待在自己的位置，离门口很远。它们身上的绳子非常粗壮，长度也不足以使它们扑向刚才索甲仁波切走过的路。也就是说，刚才索甲仁波切所担心的藏獒冲过来撕咬自己是不可能发生的事。那么，刚才所有的恐惧不是来自外在的藏獒，而是来自于自己的心里。因为自己看着藏獒的凶猛，惊惧之心膨胀，而忽视了客观环境，也就是藏獒拴着坚固的绳子，且绳子的长度并不足够使它们冲到自己面前。之所以会产生如此的恐惧和失真的判断，是因为在之前的生活经验里认定了藏獒的凶猛，并且有所忌惮。

　　因为恐惧而失去客观的判断，这是非常可怕的事。而被来自内心的恐惧吓到，这是更遗憾的事。很多事情我们本可以一往无前，但是我们总是被过往的经验所束缚。虽然俗话说，吃一堑长一智，然而，所有的经验都是有它们的使用范围的，忽略客观环境的经验就是谬误。克服内心的恐惧，这样才能更清楚地看到事情的真相。

精彩点评

　　索甲仁波切在《西藏生死书》里说："有两件事是人最大的敌人，那就是太多期望和太多的恐惧，甚至连打坐也是如此。"我们期望着自己能够获得更多，在期望的同时恐惧。在索甲仁波切的故事里，他的睿智和生活经验在某种程度上并不能改变他恐惧的事实。如何才能在面对任何事情的时候都保持内心的平和，用客观的态度面对？这是需要我们长久思考的问题。

十六、别为自己设限

如果把你空投到一个陌生的大沙漠，你会做什么呢？

从前，有一位女士，她的丈夫在一个沙漠的陆军基地服役。她爱自己的丈夫，于是跟着自己的丈夫来到这片不毛之地。她的丈夫经常会奉命到沙漠深处进行军事演习，这时，她就自己一个人待在营房。陆军基地的房子是铁皮做的。在沙漠里，仙人掌的阴影下也有五十二摄氏度。而沙漠的漫漫沙粒和无趣的日月轮回让她发狂。她在高温和烦闷中煎熬着，无聊地度过每一天。

营房周围居住着许多人，他们大多是墨西哥人和印第安人，他们并不懂得英语，这位女士也无法跟他们进行正常的沟通。或者说，她根本就没有心情去和他们交流——酷热和孤寂还不够烦闷的吗？

终于，她忍受不下去了，写信给了自己的父亲，诉说这里的苦楚，希望自己马上丢开一切回家去。

很快，她收到了父亲的回信。父亲的回信很简单："两个人从牢里的铁窗往外看，一个人看到了泥土，一个人却看到了星星。"正是这一句简单的话，却完全改变了这位女士的生活。

她愿意选择看到沙漠中的星星。于是，她开始学着走出营房里的铁皮房子，开始和当地人进行接触，学着和他们一起交流。她发现，其实他们并不像自己所想象的那样野蛮，他们同样热情善良。她表示出对他们的文化感兴趣，并且与他们做朋友。他们则把不舍得卖给外地人的陶器、工艺制品赠送给她。这个女士也热心地探索周围的一切，包括那些矗立不动的大仙人掌。沙漠的每一个细节都开始美得让她着迷。她找到了从未有过的快乐。

她的丈夫演习归来，看到她的转变，觉得不可思议。

"到底是什么让你觉得这么高兴呢？"丈夫不解地问。

"你不觉得窗外的一切都很美吗？"她快乐地回答道。

后来这位女士为这片快活的沙漠写了一本书，名叫《快乐的城堡》。她就是塞尔玛女士。

沙漠还是那片沙漠。印第安人依旧是那些印第安人。那么，到底是什么改变了呢？答案在每个人的心里。世界因你看它的姿态不同而改变。因为塞尔玛选择了不再自我封闭，走出囚禁自己的牢笼，打开自己去感受这片世界，所以她会有如此快乐新奇的发现。最恶劣的地方依旧可以有最有趣的冒险，就看你如何去看待环境，看待生活。不要限制自己，因为你可以拥有无限的可能。

精彩点评

"诚恳地体验那些负面的情绪。"这是沙哈尔博士的名言。很多时候，一件事情的模样取决于看待它的人的心态。不要为情绪而掌控，而是要去掌控情绪。比如说，这位塞尔玛女士可以把沙漠看成人间天堂，并且真的让它变成了人间天堂。我们的生活中也存在着许许多多的不了解和不如意，不如打开自己走出牢笼去结识新的事物。也许，一切从此与众不同。

第五章
孩子少不了的好习惯

有些时候，你遇到的事情让你来不及仔细思考应该如何应对。这时候，你的习惯就是你的珍宝，它们能帮助你渡过难关。培养良好的习惯并不是件难事。科学家们研究发现，只要三个月，你就能培养一个新的习惯。那么，我们常说的"改不掉"就是一个拒绝改变的懒惰的借口。你愿意收集更多的珍宝吗？

一、火焰中重生的凤凰

汤姆坐着一艘大轮船在海上和大家一起驶向目的地。然而他们遭遇了海难。唯一生还的，只有汤姆。汤姆在悼念自己已经产生感情的同行人们的同时，也感恩上帝，竟然赐予他这么美好的运气，让他逃过一场生死劫难。

然而不幸的事情是，他被冲到了一座无人岛上。他在周围巡视了两天之后，绝望地告诉自己，的确，这是个无人岛屿。没有人会发现他，也没有人提供粮食。他能做的只有每天在无人岛上寻找口粮，以及到岸边看有无通过的船只。可是每次都失望而归，根本没有船只通过此处，可见此处十分荒凉。

汤姆失望之下，只能到处寻了一些散落在地上的树枝木料，他为自己造了一所不大的小房子，暂且用来栖身。而他在岛上自己制作的工具和仅有的口粮，也都存储在里面了。

有两次，他看到了远处的轮渡，但是完全没法让人家注意到自己，他大喊过，他用一些小树枝做成求生烟雾棒，但是都没用，最后都以失望告终。

就这样，过了不知道多少天，汤姆逐渐适应了岛上的生活，可是每天也被失望折磨着。这天，他出门寻找口粮，在岛上找寻了一整天，勉强找到了一些可以吃的东西，然而拖着疲惫的脚步回到自己的住所的路上，他竟然发现有一处地方，远远地闪着光亮。

他眼睛猛然一亮！居然这个岛上还有其他人迹吗？难道自己要得救了！就算不能得救，有别的人一起待着，说说话，解解闷，也不会让自己一个人那么寂寞了！他心中无比激动，他放开脚步向那个闪光点跑去。可是越是靠近那个闪光点，他心中越发疑惑，这周遭的景致分外眼熟，看起来根本就是自己住所的附近。他看到那个红彤彤的闪光点竟然有浓烟冒出，他突然醒悟过来，那就是自己的住所！他一下子崩溃了，他整个人都在失望到希望又到失望又到希望的折磨中，疯了。

为什么当他已经一无所有的时候，上帝还要跟他开这么大的玩笑。难道上帝不知道自己已经不能承受更多的痛苦了吗？那个小木屋里，有他最后的家，最后的财物，可是就这么付之一炬了。他哭了，哭了又笑了，就这么哭哭笑笑，弄得体力都没了，昏睡在了岛上柔软的沙土里面。

当他醒过来的时候，他听到了身边嘈杂的声音，他非常明白，自己一定又出幻觉了，千万不能抱有任何幻想，否则只能失望。他翻了个身，继续睡。

一只手推了推他："起来了，醒醒，醒醒。"

他这才敢睁开眼睛，他非常迷惑，他天天去看海边，根本没有船只经过这附近，可是现在，有几个人站在了他的眼前，还有一艘船停泊在岸边。

"你们是谁。"他问。

"我们是来营救你的。"他们说。

"你们怎么来的？"他十分好奇，因为他十分清楚，这边通过的船只，非常之少，而靠近这座岛屿的，就更少了。

"我们看到了烟火，很灿烂的烟火。对了，你是如何能放出这么大的烟火的？"

精彩点评

当你想要放弃，往往却是好运发挥作用的时刻，塞翁失马，焉知非福。千万不要丧失坚持下去的信心，就算发生天大的灾祸，永远记得，否极泰来。这世界上当然每个人都希望发生在自己身上的是好事。但是偶尔也会有坏事发生，而当这些坏事发生的时候，何不戏谑地告诉自己，也许就是个转机呢？被辞职了——也许我要在其他的地方高就了，失恋了——有更好的人等着我，生病了——老天让我好好休息一下好更好地工作。只要怀有这样的心情，好事也不会远离你的。在世界上任何顶级学府，都会听到凤凰涅槃这样的词汇，因为人们相信，只要遭遇了困境，挺了过来的人，都会成为独一无二的骄子。有这种精神，就能更好的面对不测与困境，并且甚至学会感恩困境和坎坷。

二、总统的亭子

作为一个国家的元首，必定有着某种令人尊敬的品质，才能够使一个国家的人民都爱戴他，支持他。而墨西哥的总统比森特·福克斯·克萨达则具有一种名为诚信的美好品质。正是这种品质使福克斯从一个默默无闻的推销员变成了一个国家的元首。

一种品格的养成必定是经过潜移默化、日积月累的影响，才能够成为一个人的标志。福克斯的诚信也是有着深远的家庭影响的。在他小时候，他的父亲便给他上了关于诚信的生动的一课。

福克斯小时候是一个有着强烈好奇心的孩子，所以当家里打算拆掉原有的一个小亭子时，福克斯想看到拆除过程的愿望非常强烈。可他当天要去上学，便央求父亲先不要拆亭子，留着等他回来再拆。父亲爽快地答应了。可是这位父亲转眼间就忘记了自己答应孩子的话，指挥着工人把亭子拆掉了。

福克斯放学后兴冲冲地跑回家，结果发现亭子已经被拆掉了，便十分沮丧地埋怨父亲："您对我撒了谎。"父亲非常惊讶，不明白孩子为什么给自己冠上了这样的罪名。福克斯解释道："您之前答应过我，要等我回来再拆这座亭子的。"父亲恍然大悟，没想到自己随口答应孩子的一句话被孩子这样铭记。但是现在亭子已经被拆除，父亲陷入了沉思。

其实父亲完全可以说自己忘记了，毕竟福克斯还只是一个小孩子。可是这位父亲认为，自己已经答应了孩子的事情，如果言而无信，以后孩子便不会再信任他，并且有可能也会对别人失信。

思来想去，他决定，一定要遵守自己对儿子的诺言，于是让工人们在另一边的空地上建了一个一模一样的亭子。"现在，儿子，你可以看拆亭子的过程了。"

福克斯每到一个地方进行演讲，尤其是为学生做演讲时，总是会想起这件事。每当有学生问他在从政生涯中，有没有撒过谎时，他总是坚定地说："没有。"而他的这种反应总是被人嗤之以鼻，因为不会有人相信一个政客在他的从政生涯中居然没有撒过谎。但是福克斯真的是这样的人，因为他的父亲从小就身体力行地教育他。也因此，每当有人质疑他时，他就会把这个故事讲出来。

他在讲这个故事的过程中总是会隐藏故事人物的真实身份，因为当学生们以为这故事中的人是普通人时，就会相信那个儿子以后一定会是一位非常讲求诚信的人。福克斯用这样的"小聪明"使台下听他演讲的每个人都心悦诚服，使知道他的每个人都衷心的认为这是一位讲求诚信的总统，是一位能够为人民带来幸福的总统。

福克斯本人也说："我想告诉大家的是，我愿意像我的父亲对我一样对待这个国家，对待这个国家里的每一个人。"说完这句话的福克斯，理所当然收获了最热烈的掌声。

精彩点评

诚信是一个人最珍贵的品格之一。哈佛之所以能培养出那么多总统，就是因为他们身上总有一种美好品质。拥有诚信便能够拥有别人的信任，而一个与你毫无关系的人如果愿意信任你，这说明你做人是非常成功的。这个世界上又有多少人能够被认为是一个成功的人呢？人们总是趋利避害，因为不想承担责任，或是嫌麻烦，由于这样那样的原因失信于人。殊不知，失信于人是很可怕的，如果你得不到任何人的信任，也许在这个社会上都无法立足。也许很多事情你并不能做到，但是如果你答应了别人，就一定要做到，这并不只是帮助别人，更多的是在帮助你自己。

三、最后的传真

2001年9月11日，是世界永远铭记的日子。这一天，在美国纽约的世贸大厦，许多人失去了生命。在这个危机的时刻，所有人第一时间想到的都是如何生存下去，但是却有一个女孩冒着生命危险，坚持把一份公司的经营资料传回了总部。如果这份资料丢失，对于公司将会造成一个无法估计的结果。她也是唯一这样做的人。至于她为什么会冒着生命危险也要这样做，完全出于一份对于善意的回报。

这个女孩在上大学的时候，被查出患了一种肿瘤。这种肿瘤如果不立即做手术切除，就会导致死亡。她还年轻，并不想因为病痛而被迫离开人世，可是她的家境又极其贫寒，根本负担不起高达上万元的手术费用。绝望之中，她突发奇想，给本地的一位知名富翁写了一封信，告诉他自己的情况，并且请求他资助自己，帮自己垫付手术的费用，能够让自己继续活下去，完成人生的梦想。

信发出去不久之后她就后悔了。因为她觉得这样好像是在用自己的生命威胁对方，是很卑鄙的方法。她下定决心，如果那个富翁真的答应资助她，她也不能接受。她不能够用这种类似要挟的方法得到帮助，否则就算治好了病，余生也会不得安宁。

过了几天仍没有收到富翁的回信，她放下心来，以为富翁不会理她了，没想到隔天富翁的信就来了。只是信中并没有提到要资助她，只是告诉他，听说邻城有一家慈善机构，专门帮助像她这样的学生。女孩怀着试一试的心情给那家慈善机构发了一封信过去，告诉他们自己的情况，没想到那家慈善机构很快就回信，并且承诺一定会帮助她。她欣喜若狂，内心无比感谢那位富翁，因为他不仅提供了为她治病的方法，还顾全了她的心情。

女孩的手术非常成功，做完手术后，女孩踏上了邻城的土地，想要找到那家慈善机构，当面向他们道谢。但是她找遍了所有的地方，问过了所有的人，才得知，这里从来没有什么专门资助学生的慈善机构。女孩这才恍然大悟，根本就没有什么慈善机构，这只是那位富翁为了顾全她的感受虚构出来的而已。明白真相的女孩在陌生的土地上放声大哭，她发誓，有生之年一定要报答那位富翁的恩情。

待到女孩大学毕业，她得知那位富翁在纽约有一家公司，便兴冲冲地跑去应聘，并且成功地成为了这家公司的一员。女孩在岗位上一直兢兢业业，认真努力的做好每一项工作，希望自己能够为这家公司出一份力，也只有这样，她才感觉自己可以为那位富翁做些什么。

不知道这个女孩在生命的最后一刻在想些什么，但是对她来说，是富翁拯救了她的生命，她为了报答这份善意的恩情，愿意付出自己的生命。一次善意的举动，竟然可以让人付出至此来报答，所以，付出是一定有回报的。

精彩点评

我们常说，善有善报，恶有恶报，不是不报，时候未到。从这个故事中看来，这是一句真理。如果你真诚地付出了善意，哪怕迟一些，回报也总是会来的，不论是以什么样的形式。人们总说有因必有果。如果你突然收获了一个惊喜，一定是你在此之前做了一件善事。事情无论大小，只要是善意的，就会得到它应得的回报。哈佛十分注重对于善心的培养，并且也相应地告诫学生不要作恶。作恶的人，也许有一段时间会逍遥法外，让人觉得世道不公，但是他们也终究会遭到相应的惩罚。少作恶，多行善，是应该铭记一生的道理。

四、踩出来的最佳设计

著名的建筑师罗培斯设计的美国迪士尼乐园在 1971 年的伦敦国际园林建筑艺术研讨会上被评为世界最佳设计奖。但是得到这个光辉奖项的背后并不是那么的顺利。

罗培斯的盛名享誉世界，他在世界各地都有着非常优秀的作品。可是在经过对迪士尼乐园三年的精心打造后，他陷入了一个难题。

那就是，如何才能设计出连接各个景点的道路呢？他日夜工作，废寝忘食，设计出 50 多种方案，但是经过一一比对之后，总没有一个非常满意的。

陷入瓶颈的工作再加上投资方的催促，使他更加一筹莫展，于是他决定四处去转转，看看能不能从外界获得新鲜的灵感，最终得到一份定稿。

他开着车在市区里无目的的到处乱转，不知不觉竟到了郊区。车开上了一条风景优美的小路。这是一条著名的路，两旁栽种的全部都是葡萄树，是法国的特色风景之一。虽然这些葡萄都被主人摘下来放在路边贩卖，但是却鲜有人买。

当车子又开进了一段路程之后，罗培斯发现有一片葡萄园前围着一大群人，于是他想下车看个究竟。

原来这是一个无人看管的葡萄园，因为这片葡萄园的主人是个上了年纪的老太太，已经无力看管了，于是就想出一个办法，在葡萄园前设立一个投币口，只要交五法郎，就可以随意摘一篮子葡萄带走。老太太原以为她这片无人看管的葡萄园一定不会有什么生意，但意想不到的是，人们几乎都涌到她这里来买葡萄，她这里成为了这一片区域葡萄销量最好的一家。

罗培斯了解了这片葡萄园如此受欢迎的前因后果之后，茅塞顿开，顿时想到了如何设计小路的方法。他为了感谢葡萄园给他的启迪，便买了一篮葡萄才动身返回。

罗培斯意识到让人们顺其自然的选择葡萄才能造就这样好的效果，同样的，如果让人们顺其自然的走，才能设计出最合适的道路。他立刻致电施工部，让他们给所有地面都种植上花草，并且提前一段时间开放。

按照罗培斯的要求，公园内到处都被种植上了花草，并且提前开放。人们纷纷踏进这座公园，任意玩耍。他们在草坪上随意的踩出一条条道路，露出土地的小路和周围绿色的风景交织在一起，实在是美丽极了。

第二年，罗培斯就让人根据这些被人们随意踩出的痕迹铺设了一条条小路，待整个铺设工作完成，罗培斯便觉得，这果然是最合适的方案。

罗培斯在关于设计迪士尼乐园的采访中说到他对于道路的设计："艺术是人性化的最高体现，最人性化的，就是最好的。"

让一切顺着人的天性自然地进行着，那种过程所造就出来的结果必定是最合适的。不论是葡萄园的主人还是罗培斯，即使他们的职业和所涉及的领域不同，他们也有一处共同点，就是顺其自然，遵循人性自然的选择。

精彩点评

其实我们经常会有这样的感觉，用一句话来形容就是：有心栽花花不成，无心插柳柳成荫。每当你刻意的想做好一件事的时候，往往不会成功，可是当你不经意间再次尝试的时候，却一次就成功了。因此我们对于日常生活中的事不要太苛求，顺其自然才是最好的。这也完全契合了哈佛的教育理念：凡事不能强求。如果对一件事物有着太深的执念，他可能会造成一种惯性失败的结果。可是如果你顺其自然，不刻意强求的话，也许你期望的那种结果就会悄无声息地接近你。

五、《读者》的"智慧"

曾经有一个杂志举办过一个宣传活动，他在墙上挖了一个小洞，并且在旁边标着"千万不要往里看"的标语。可想而知，这种欲盖弥彰的做法吸引了大批的人群，大家纷纷围过去，排着队等着看洞里究竟有什么。结果看过了才知道，那个洞里是这本杂志用五彩霓虹灯制成的广告。

这种独特的方式吸引了很多人的注意，其中就包括当时的美国总统林肯。而这本杂志就是《读者》。话说回来，它能够成为风靡全球的《读者》杂志，和林肯有着很大的关系。

它的原名叫做《智慧》，因为那次的广告吸引了林肯的注意，因此林肯开始关注它。林肯总是能够从这本杂志中获益良多，因此他也十分喜爱这本杂志。

可是有一次当他拿到《智慧》，正在专心致志地阅读时，发现居然有几页连在一起了，刚好又是和前面连接的内容，令他十分扫兴，便将杂志扔在一边，不去理会。

当他处理完一天的公事再次回到座位前看到那本杂志，突然想起，《智慧》凭借一个洞孔的创意吸引了自己，按理来说这样有创意而又严谨的杂志是不应该犯这样低级的错误的。会不会有什么原因呢？也许是他们的新创意？

说干就干，林肯立刻拿了把剪刀将连起来的部分一页一页地裁开，终于完成之后，发现居然有一页的内容被白纸粘住了。林肯十分好奇，难道是因为杂志出了什么不可弥补的错误，才采用了这样的方式？可是这样未免也太儿戏了吧？林肯内心其实更加愿意相信这真的是《智慧》杂志搞出的新花样，他非常期待能够得到一个惊喜。

于是他小心翼翼的拿刀将这片纸撕开，果然，《智慧》杂志从没有让他失望过。

那片被白纸粘住的内容是一则消息：尊敬的读者，您好，如果您看到这条消息，说明您能够获得本刊提供的 1 万美元奖金，恭喜您成功地抓住了这次机会！请将杂志退回，我们会负责调换并给您寄去奖金。

这真是大大的意外之喜！林肯对《智慧》杂志这种新奇的做法大加赞赏，并且立刻就提笔给杂志社写了一封信表扬他们的创意，并将杂志随信寄回。

杂志社的回信很快就随着调换的刊物和奖金到来了，信中回复林肯道：尊敬的总统先生，在这次提供这则消息的三百份杂志中，只有 8 份的主人得到了这笔奖金，大多数人都只是选择将有问题的杂志退换而已。您是一位真正能够抓住机会的人。

也正是因为这次的通信，《智慧》杂志采纳了林肯的建议，将杂志的名字改为《读者》，并且从此以后它的踪迹遍布全球各地，得到了全世界的喜爱。

林肯因为抓住了一次机会，得到的不仅仅是奖金，还有对于自身的肯定。也正因为这个机会，才使我们能够看到今天的《读者》。所以，生活中的任何细节我们都不能放过，因为一次看似不经意的差错背后，可能隐藏着巨大的机遇。

精彩点评

我们是否经常听别人抱怨说自己总是遇不到好的机会？也许我们自己就常常抱怨，仿佛生活真的没有给我们一丝机会。其实并不是这样。机会并没有你想象的那么贫乏，只是当他来到你面前时，你对他视而不见罢了。也许所有的总统都有着这种能够抓住机会的共同点，因此哈佛才能培养出那么多优秀的总统出来。真正睿智的人是能够抓住这样的机会的，哪怕它再微小，再稍纵即逝。我们并不是没有机会，也并非永远抓不住机会，只要你有心，一定会有这样的机会的。

六、鱼塘里的金块

有一年的匹兹堡发生了一件轰动的大事，那就是一个重达 2.7 公斤的金块在这里被发现。匹兹堡的《新闻周刊》上写道："这块全美洲最大的金块来自于阿肯色州，是一位年轻人在家里后院的鱼塘中捡到的，从他祖父留下的日记中来看，这是他的祖父扔进这个鱼塘的。"

一时间世界各地的人都涌向了这片土地，想要一睹全美洲最大的金块和他的发源地。来到这里的人中有一位来自俄亥俄州的老人。这位老人自称是这块金子拥有者的朋友，但是他们50年前就分别了，不知道对方一直过的是什么样的生活。

老人讲述起了他们年轻时的故事。

他们两人本来都是从墨西哥来的淘金者，他们一直沿着密西西比河寻找金矿，希望能够找到足够的金矿使他们的生活衣食无忧。这也是当时许多年轻人的理想。

可是他们并没有在一起太久，因为他们在到何处去找金矿的问题上产生了争执。老人执意要去俄亥俄州，因为他坚信那里才有财富的宝藏，可是他的朋友却就此与他分道扬镳，去了阿肯色州，两人都为自己的决定努力着，谁也没有联系过谁。

老人在俄亥俄州果真找到了大量的金矿，并且在十年之内建立了工厂和码头，修建了公路，他所在的那一片区域成为了一个繁华的小镇。可以说俄亥俄河岸边的匹兹堡之所以会像今天这样繁荣，很大一部分功劳都在老人年轻时对于这片区域的拓荒和开发。

可是即使老人已经功成名就，他仍然没有友人的消息。那位朋友进入了阿肯色州以后似乎就销声匿迹了，仿佛从来没有出现过似的。大家都说这个人要么就是被野兽吃掉，要么就是掉进河里淹死了。

老人这么多年来一直致力于寻找朋友的踪迹，可是却一无所获。这次偶然间听到了这个消息，就立刻赶了过来。

询问过发现金块的年轻人之后老人才知道，他的朋友，也就是这位年轻人的祖父，当年来到阿肯色州以后并没有遭遇猛兽洪水的袭击，相反，他的确顺利的找到了大量的金子，并且还在此安家立业。可是他却从来都没有挥霍过这些金子，相反，像我们所看到的，将金块扔进了水里。

这也是为什么老人找了这么久都没有找到他的原因。可是在当时，每个人都希望能够淘到最好的金块，为什么这个人得到了，却还要把它扔进水里呢？

答案在他的日记里："今天我又找到一块更大的金子，凭我的经验看，这一定是一块大的罕见的金块。要把它拿进城去卖掉吗？一定会有许多人慕名而来，到那时候，我一砖一瓦建起的房子，砌起的池塘，天天趴在我脚边吠叫的狗，打鸣的鸡，以及在这片土地上的一切生灵都会遭到破坏，这里美丽的环境和使我平静的空气也将不复存在。我宁可看到他被丢入池塘时溅出的水花，也不愿看到这一切销声匿迹。"

在他的眼里，幸福平静的生活是比财富更加重要的东西，所以他可以将财富毫不留恋的扔进水里，只为了选择与家人平安喜乐的生活。

我们正处于一个物欲横流的社会里，每个人都在自愿或者不自愿地为了追逐物质而奔波。但是，在长久的逐利之中，你是不是也会感到一丝空虚冰冷？物质财富与精神财富到底哪一个更加重要？老人选择了后者，那么，你的选择会是什么呢？

精彩点评

许多时候，我们为了获得财富而到处奔波，却忽略了最本质的东西。那就是我们获得新财富的目的。哈佛的毕业生中不乏拥有许多财富的人，但是他们受到的教育却是珍惜比财富更重要的东西。相信许多人想要获得财富的最初目的是想让生活变得幸福，可是渐渐地，这种想法就变了质。因为许多人错误的将财富等同于幸福，他们也就失去了真正的幸福。这个世上又有多少人为了财富放弃了自己的幸福？在考虑财富与幸福的关系时，千万不要本末倒置，要仔细地思考，对于自己来说，财富真的是最重要的吗？最重要的到底是什么？

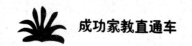

七、更大的别墅

如果你有了足够的钱，会不会想用它来买一栋房子？如果有了一栋房子，会不会又想买一辆车？如果有了房子和车，会不会还想买更大的房子，甚至是别墅？这样下去，会不会一辈子都无法得到满足，在得不到满足的内心中痛苦挣扎，一辈子都在和自己的欲望作斗争？

有一个叫克里斯的人，他从小就生活在贫困之中，虽然父母已经把最好的给了他，他还是经常过着吃了上顿没有下顿的生活。他从小就下决心，长大以后一定要做一个富有的人，再也不要饱尝贫困的苦楚。

他长大以后，有了自己的工作，也成了家。他的妻子知道了他的志向，便经常鼓励他，对他说："我相信你，你一定能行的！"

最开始的时候，克里斯只是开了一个小店自己做生意，慢慢地有了起色，赚了不少钱，他便用这些钱投资做更大的生意，他决定开一家公司。他的妻子也意料之中支持他。只是他的公司一开始规模非常小，一共只有包括他和妻子在内的7个人。在公司成立的那天晚上，他搂着妻子大醉："相信我，我一定会让咱们的公司变得更好！"他的妻子仍然是笑着鼓励他。

可能是功夫不负有心人，在他们共同的努力经营下，公司渐渐做大，现在已经有了30人。不止如此，克里斯也拥有了自己的轿车，他现在已经像个真正的老板一样每天开车上下班。他的妻子现在也已经不用每天陪着他上下班了，克里斯让妻子安心待在家里做全职主妇。

这天，他回到家中看到妻子在厨房忙碌，突然想到了自己小时候的生活，便

164

对妻子说："咱们在郊区买一栋别墅吧，这样咱们就不用住在这样狭窄的居民楼里了。"妻子一如既往地支持丈夫的任何行动，但是却露出一丝担忧的神色："不过我认为住在这里也不错，起码有那么多邻居可以互相聊天。"克里斯却认为自己一定要买一栋别墅，才能摆脱自己对于贫困的恐惧。

很快他就敲定了要买的别墅，付了钱，办理了各种手续之后，他和妻子挑选了一个风和日丽的日子搬了进去。就在他们安顿好一切行李之后，一起走到了别墅外的花园里。他们看着这一切，正感到无比喜悦的时候，克里斯突然哭了出来。

妻子问他："这不是很好吗？你想要买一栋别墅，现在一切都很完美，你为什么要哭呢？"

克里斯痛苦地说："我觉得我太失败了！"

妻子惊讶地说："你怎么会这样想？你已经有了自己的公司，车子和别墅，怎么会是失败的人呢？你还有什么不知足的？"

克里斯指着不远处的一栋别墅："你看那里，他们家的别墅比我们大那么多！"

就算克里斯买了更大的别墅，也仍然不会知足，因为他的欲望一直得不到满足。即使暂时得到满足，也会被更大的欲望控制。这样下去，也许一直坚定地支持他的妻子也会渐渐变得愁眉不展。

精彩点评

有追求固然是非常好的一件事，但是要学会知足。在追逐自己梦想的路途上，总是会感到疲惫的，这个时候，就停下来，看看身边的风景和身边陪伴着你的人。从哈佛毕业的许多成功人士，不只拥有事业，也拥有完美的家庭。这就是因为他们懂得知足的缘故。如果你已经达到了一定的高度，就歇一歇吧，和家人出去旅游散心，放松一下。千万不能因为填不满的欲望而放弃自己身边值得珍惜的人和事物。只有学会知足，才能感受到更多的幸福。

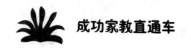

八、莫斯科的宽恕

第二次世界大战以德国纳粹的失败告终。在莫斯科的街道上，被俘的德国士兵正在列队前行。莫斯科在"二战"中损失惨重，因为德军对莫斯科的封锁，有85万无辜的平民百姓在这里饿死、冻死。

此时的德军士兵也饱受着饥饿和寒冷的双重摧残。他们拖着沉重的脚步走在莫斯科的道路上。虽然这个时候的天气实在是糟糕透顶，但是街道周围仍然聚集了大量的群众。这些围观的群众大多数都是妇女，她们来自莫斯科城内或者毗邻莫斯科的山庄和乡村。

这些妇女的父亲、丈夫、兄弟、儿子几乎都在对抗德军的战争中失去了生命，她们是这场战争遗留下的最直接的受害者，所以当她们看到这一队德军俘虏时，内心的愤怒可想而知。她们恨不得冲上前去，将眼前的这些士兵千刀万剐。她们的眼中燃烧着愤怒的火焰，使得被俘虏的德军士兵的身形更加矮小。

大量的警察被派来维持秩序，他们拿着扩音喇叭向人群喊话，希望大家保持冷静。可是对于这些妇女来说，仇人近在眼前，根本无法保持冷静，所有人的情绪都非常激动，他们紧握着拳头，口里叫喊着，人群十分拥挤。如果不是警察极力地在控制局面，这些妇女一定会冲上来，将这些刽子手撕成碎片。到那个时候，就算是维护治安的警察也无法阻拦，局面一定会变得一发不可收拾。

此时，那些德军士兵都处在慌乱之中。他们感受到了这些人的愤怒，他们不敢抬头，不敢说话，默默地从人群面前走过。这些被俘虏的士兵中不乏一些年轻的孩子，有的甚至未成年。这些孩子甚至没有杀过人。他们从未见过这样的情景，身体不禁瑟瑟发抖起来。所有的德军俘虏都十分害怕。

就在这时，有一位妇女从人群中走出来，对守卫的警察说："能让我进去看看他们吗？我不会对他们怎么样的。"警察看这位妇女面相和善，便同意放她进去。

这位妇女越过警戒线，走到俘虏中去，在一个面黄肌瘦，看起来只有十六七岁的孩子身边停住，缓慢地蹲下去，从包里掏出一块布，层层展开后，里面包着一块黝黑的面包。她执意将这一小块面包塞进这个孩子手里，嘴里说着："吃吧，只剩这一点了，你吃点吧。"

年轻的俘虏简直不敢相信自己的眼睛，等他明白过来时，不仅泪流满面。他"扑通"一声跪在地上，对这位妇女磕了三个响头。其他的俘虏看到年轻俘虏的行为，也都纷纷跪下，朝着人群拼命地磕头。

这一幕感染了所有围观的群众，他们不再那么愤怒了，反而被眼前的这一幕所感动了。他们纷纷掏出自己带的食物，分发给那些虚弱的俘虏。国仇家恨在这里好像已经烟消云散了。

这件事后来被著名作家叶夫图申科写进了《提前撰写的自传》中，他说道："这位善良的妇女，刹那间便用宽容化解了众人心中的仇恨，并把爱与和平播种进了所有人的心田。"

精彩点评

国仇家恨这样的大事，我想，放在每一个人身上，都会觉得不可饶恕。这种宽恕，一定需要很大的勇气。因为对于害死自己亲人的仇人，不宽恕对方是无可厚非的，一旦宽恕，便不是普通人可以做到的。从哈佛走出的许多名人伟人都拥有这种难能可贵的品质。他们因为这种品质获得了全世界的赞誉。这位妇女也许并不是什么名人伟人，却是一位拥有大智慧的人。她一个小小的举动化解了两方人剑拔弩张的气氛，而这个举动，是将仇恨这种负面情感替换成了名为宽恕的美好情感。

九、女孩的牛奶面包

伊凡从小就生活在一个贫困的家庭。因为经常没有饭吃，于是小伊凡跟着爸爸妈妈学会了推销商品，当爸爸妈妈忙碌的时候他总是会担起这个责任，挨家挨户的推销。但是因为他太小了，几乎都没有人会买他的东西。

这一天也一样。伊凡走了一天，挨家挨户的串门，却被所有人拒绝。天气很冷，伊凡穿的又单薄，他非常想吃一些东西。可是他身上实在没有钱，连一块面包屑都买不起。小伊凡站在寒风中冥思苦想，决定向下一户人家要些吃的来。

当他鼓起勇气敲开下一户人家的门时，没想到开门的竟然是一个和他差不多大的小女孩。伊凡立刻憋红了脸。他不想向和他差不多大的孩子乞讨。于是他问那个女孩："能给我一杯水喝吗？"

小女孩看出了伊凡的窘迫，她十分同情他，便转身进屋去拿了一杯牛奶和一块面包。伊凡接过了牛奶，却不好意思要她的面包。小女孩小声说："我觉得，配着面包，牛奶才更好喝。"

伊凡十分感动于女孩的为他着想，吃完东西后问小女孩这要多少钱。可是小女孩说："我妈妈教过我，助人为乐是不可以收取报酬的。"

伊凡感动地向她鞠了一躬："请你接受我的感谢！"从那以后，每当伊凡迷茫时候就想起了这个小女孩和她的帮助，他感到浑身都充满了力量，想要成为一名医生，去帮助更多的人。

在他的不懈努力下，他终于成为了一位非常有名的医生。有一次，有一个从他的家乡前来治病的女孩引起了他的注意。他看过这个女孩的病历后，觉得这个女孩真的是一位十分坚强的人,并且因为她来自自己的家乡,伊凡想要亲自为这个女孩诊治。

在见到这个女孩的一刹那,伊凡就认出了她。她就是当年不仅帮助了他还维护了他的尊严的那个女孩!因为她,伊凡才能有今天的成就。

伊凡下定决心,一定要治好她。并且在接下来的治疗过程中,对这个女孩特别的照顾。终于,功夫不负有心人,伊凡发明了一种新的方法,可以彻底清除女孩体内的病毒。于是伊凡立刻为这个女孩安排了手术。

手术非常成功,女孩只需要再住一个月的院观察一下,就可以出院了。可是现在有一个非常严重的问题摆在他们面前,那就是手术所产生的高额费用。女孩家里本来就不富裕,为了到大城市来治病更是花光了所有的积蓄。手术费用对于他们来说是一个天文数字,根本负担不起。

伊凡拿着女孩的手术费用单思考良久,毅然在上面签下了自己的名字。因为如果没有那个女孩,伊凡根本不会有那么大的动力去成为一名医生,也就不会有今天的成就。女孩成就了自己的人生,只是用手术费作为报答都嫌不够。

女孩一家人正在为手术费发愁的时候,医院突然告知他们已经有一位医生替他们付过了。女孩疑惑地接过伊凡留给她的信。信上只有一句话:"对于有爱心的人来说,医药费就是一杯牛奶和一块面包。"

精彩点评

我们总说助人为乐,可是却有很多人不明白助人为乐的真正含义。许多人是因为帮助别人自己能够从中获利而去助人,而助人为乐是因为心存善念,才会想着去帮助别人。这是一种不求回报的行为。受到哈佛教育鞭策的学子们,有许多都会做这种不求回报的事情。而这些事情也会在不经意的时候给他们偌大的惊喜。所以千万不要因为回报才去帮助别人,要心存善念。

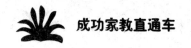

十、没有电子邮箱的人

你想要做的事情和你最终做成的事情之间能相差多少？你曾经认为对于成功来说必不可少的东西，在你成功之后，真的还需要吗？

有一个年轻人失业了，他的文化水平并不是很高，因此找不到很好的工作，但是他看到知名的微软公司正在招聘一名清洁工，于是他就去应聘了。他想，就算是当一个清洁工，毕竟也是在一家名企里，待遇应该不会太差。

经过一系列的面试和实践考察之后，很顺利的，人力资源部的主管觉得他很合适，就打算录用他。在让这个年轻人填写个人资料的时候，主管却发现电子邮箱的那一栏是空白的。他感到很疑惑："如果你不填写电子邮箱的话，在以后的工作中要联系你就会很不方便。"年轻人听后，不好意思地回答道："对不起，因为我没有电脑，所以根本没有电子邮箱。"人力资源部的主管听后说道："对于微软公司来说，如果你没有电子邮箱，那就相当于根本没有你这个人。所以很抱歉，我们不能录用你。"

这个年轻人十分失望地离开了办公室。他十分沮丧，因为他连一个清洁工的工作都做不了。而此刻，他的口袋里只剩下 10 美元了。他拿着这 10 美元想着自己今后的生活应该怎么过。然后他去便利店买了 10 千克的土豆，开始向周围小区的居民们上门推销。让他所没有想到的是，不到两个小时，他的这些土豆就全部卖光了，并且他的手中比原来多出了 5 美元。

年轻人十分惊喜，他从没想过用这种方法也能够赚钱。于是，他便用手中的这 15 美元继续做起了卖土豆的生意。渐渐地，他的生意越做越好，业务也不断增多，手中的钱也慢慢多了起来。

等到他积攒了足够多的钱后，他开始思考能不能将生意做大。于是他想出了一个"送货上门"的服务。因为之前凭着卖土豆攒下的老顾客和好口碑，他的送货上门生意很红火，只用短短 5 年的时间，他就建立了一个送货上门的贩售公司，主要经营的就是以最优惠的价格，把新鲜的蔬菜水果送到每个顾客的手中。

因为他的生意越做越大，有一家保险公司找到了他，想要为他和他的家人设计一套保险。这个人同意了。他与保险公司派来的人谈好条件之后，就开始填写签约文件。当保险人员收回他填写的个人资料时，不禁发出了疑问："您怎么没有填写电子邮箱地址呢？"这个人不得不再次解释："因为我没有电脑，所以根本就没有电子邮箱。"

这位保险人员十分诧异："像您这样成功的人，拥有这么大的一个公司，居然没有电子邮箱？这真是太不可置信了！"

直到双方告别的时候，保险人员还是对这件事情耿耿于怀："您没有电子邮箱，都可以做得这么成功，想想看，要是你有一个电子邮箱，那得有多大的成就啊！"

谁知这个人只是微微一笑："不，如果我有一个电子邮箱的话，那么我只能成为微软公司的清洁工罢了。"

精彩点评

当我们说起自己能不能有所成就的时候，我们总是说，如果我有……就好了。殊不知，当你真正拥有你希望拥有的这些东西的时候，你反而会被它们所限制，根本无法发挥自己最大的潜力。这也就是为什么，许多有着大成就的人都是白手起家的。虽然他们没有资本，但是他们可以去尝试任何一种可能性，他的思维是无限广阔的，比那些拥有资本的人多出了无限种可能性。因此当一个人想要做成一番大事的时候，千万不能被普遍的价值观所束缚。

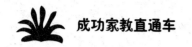

十一、持续四年的等待

2007 年的诺贝尔奖获得者，美国犹他州医学院人类遗传学与生物学教授，马里奥·卡佩奇的童年，可以说是一段带有传奇色彩的经历。

马里奥的童年充斥着"二战"的战火。他的母亲是一位反战组织的成员，在一天清晨，母子二人正准备享用早饭的时候，一队纳粹德军突然冲进了他们的家里，强行将他母亲带走，还砸碎了屋子里所有值钱的东西。马里奥哭喊着上前去抓母亲的衣服，想让这些人把自己和母亲一起带走。如果没有母亲，他真的不知道该怎么生活。

可是那些纳粹士兵凶狠地将他推开，眼看就要把他母亲拉走，马里奥撕心裂肺地哭了起来。他的母亲突然严厉地向他喊道："不许哭！把眼泪擦干。你是男子汉，记住，以后无论遇到什么事都不准哭！你不要担心妈妈，妈妈一定会回来找你的！在没有等到妈妈回来之前一定不能放弃！听到没有！无论发生什么事，你都要活着，等妈妈回来找你！"

母亲最终还是被带走了。马里奥看着一屋子的狼藉，眼中一片茫然。他完全不知道接下来应该怎么做。可是母亲最后对他喊的那些句子都深深地印在了他的心里。

接下来的日子他只能流浪。他时常感到寒冷和饥饿。他只能窝在一个小角落里，没有可以避寒的东西。运气好的话，会有大人施舍给他一些面包，可是通常他的运气都很差，会有很多比他大的乞丐抢他的食物，并把他暴打一顿。好几次他不堪忍受这种折磨，都想到了死，但是他总会想起母亲对他说的话，于是他就日复一日的挺了下来。

这个时候，他的母亲正虚弱地躺在集中营中，感到快要熬不下去了。可是她想起自己对儿子的承诺，还是坚强的地活着。她想自己一定要活到出去的时候，去寻找她的儿子。

这一天终于被她等到了。美军解放了这个集中营，并且解救出了当时已经奄奄一息的她。她被立即送往医院治疗。一个月后她终于苏醒了过来，可是体力却还没有完全恢复。但是她执意要出院："我已经待的够久了，我的孩子还在等着我！"

这位母亲已经和孩子分别了四年，这四年中发生的事情不知道有多少，她自己也不确定是否能找到孩子，甚至不确定孩子是否还活着。可是她想起自己的承诺，就逼着自己一直找下去，一定要找到孩子。

她一个一个城市地找下去，终于在一个街头看到了她的儿子。那一刻，两人四目相对，几乎是瞬间就认出了对方。当时的马里奥已经瘦得没有人形，但是看到母亲的那一刻他流下了泪水："妈妈，我终于等到你了。"说完就昏迷了过去。

母亲立刻将儿子送往医院，医生甚至不敢相信这么大的孩子居然只有20斤重。好在经过长时间的疗养，马里奥终于变得健康起来。母亲觉得愧对孩子，便带着孩子投奔美国一个研究生物学的亲戚。

马里奥在美国对生物表现出了极大的兴趣，并且从此一发不可收拾，有了如今的成就。

精彩点评

有多少人会为了一个承诺拼尽全力？人们常说死比生容易，为了一个承诺去死已经是在挑战人类道德的极限了，更别说两个生不如死的人为了对对方的承诺顽强地活下去。这得需要多么坚定的意志？这个诺言的分量，用千金来衡量真是太轻了。它拥有的是两个生命的重量。我们日常生活中实现一个简单的诺言都显得困难，更何况这样一个称得上是生死之约的诺言？哈佛的校长曾经说过：不要轻易许诺，但是一旦许了诺就要拼命去实现它。我们是否应当从中学到些什么？

十二、生活才是最重要的

　　理查斯一直为自己拥有一个跛脚的父亲而感到不齿。他不明白，如此优秀的母亲为什么会嫁给这么糟糕的父亲。因为这个父亲实在一个平淡无奇的人物。

　　理查斯一直为自己的篮球技术而骄傲。他是校篮球队的主力。这一天，他和自己的队友一起参加市里举行的篮球赛。他告诉自己的母亲想要母亲去观看他的比赛，因为这次他们可能会拿冠军。母亲很高兴地对他说："当然，我会和你父亲一起去给你加油的。"理查斯立刻摇摇头，说："不，妈妈，我不要你和爸爸一起去，我希望你能自己去。"理查斯的母亲很惊讶地看着儿子，问："为什么呢？"理查斯难为情地对母亲小声说："因为——因为我不希望让同学们知道自己有一个残疾父亲，那样整场的气氛会变味的。"理查斯的母亲听了儿子的回答，问："可是他是你的亲生父亲，你还嫌弃他吗？"正巧在这时，理查斯的父亲走了过来，对母子俩说："这些天我要出差打理一些事情，如果有什么事，你们商量着去做就好了。"

　　比赛的日子到了。理查斯的父亲果然出差在外，母亲一个人去观看了他的比赛。理查斯在比赛中很尽力，表现得也很勇猛，不出所料，他们取得了冠军，理查斯也成为全场的 MVP 受到了表扬。回家的路上，理查斯的母亲高兴地告诉他说："如果你爸爸也来看了你的比赛，一定会高兴地唱起歌来的。"听到父亲这个词，理查斯高兴的脸立刻阴沉下来："妈，你为什么又提父亲？"母亲听到这句话，表情也严肃了起来："理查斯，你必须告诉我这是为什么。"

　　理查斯不耐烦地说："不为什么。我就是觉得不应该在自己最开心的时候提到他。"听到这些，母亲的脸色也阴沉下来。她看着理查斯，很认真地对他说："儿子，有些事情妈妈不愿意告诉你，可是再这么隐瞒下去，也许你会伤害到你的父亲。你知道你父亲的腿是怎么瘸的吗？"理查斯摇摇头。"在你两岁的时候，你和父亲一起到公园玩。你不听他的话在马路上乱跑，突然一辆车飞驰而来。如果不是你父亲，你也许就已经不在了。可是，你却因为他的腿不方便就这样嫌弃他。你觉得合适吗？"

理查斯瞪大了眼睛："这不可能！"

母亲说道："怎么不可能？这些年，你父亲瞒着你，不让我告诉你，他怕影响你的成长，让你觉得内疚。"母亲顿了顿，继续说，"你不是一直觉得你的父亲一事无成吗？可是，你最崇拜的作家卡洛斯，他就是你的父亲！可是你从来没有注意过他！"

理查斯惊讶地张大了嘴巴，他不敢相信自己的耳朵，说："不，不，这不是真的。"理查斯飞速跑回学校，向他最敬重的老师求证。老师听了他的问题，点头笑了，说："是的，的确如此。他不让我们告诉你，怕影响你。"理查斯难过极了。他对自己误解了父亲这么多年而感到难过。

几天之后，父亲出差回来了。理查斯小心翼翼地跑到父亲身边，接过他手里的行李，问道："您真的就是大名鼎鼎的卡洛斯吗？"父亲一愣，笑着点点头。理查斯抽出一本父亲写的自己最爱的书，恭敬地递给父亲，说："请您给我签个名吧！"父亲看看理查斯，在书上写道："生活其实比什么都重要。"

精彩点评

我们常常想得到别人的关怀，但是往往忘记了把同样的关怀带给别人。哈佛大学的心理学博士泰勒·本·沙哈尔在他所讲授的幸福课上说过，"一个真正懂得关心他人，并且时刻感恩的人，必将会拥有更多的快乐。"不要吝啬自己的关心，更不要因为在乎所谓的"面子"而吝啬自己的爱。毕竟只有在付出爱的同时，才能真正获得收获爱的快乐。

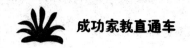

十三、丑陋的木板凳

　　从前有个小学校，里面有个班，班里有个小男生，学习非常好，从来不需要老师多问，他自己就把自己的课程安排得井井有条。老师非常喜欢他，同学也都很崇拜他，有问题都会去问他。

　　在一天的劳动课上，老师要求大家做一只木板凳，这个小男生做得非常艰难，他时不时用小锤子敲一敲，又用小刀削一削，可是做出来的木板凳还是非常难看，不是歪的，就是坐上去的时候，凳子腿儿断掉。他忙得满头大汗。下课的时候，大家都交上了自己做出来的板凳，老师一一查收着。

　　可是那个小男生还是没有做出来一个合格的小板凳。老师用宽容的眼神看着他，他知道，这个男生平时非常认真，他一定会努力做出一个好的小板凳交给自己。于是他特许他明天再交给自己这份劳动作业，他想，他一定不会让自己失望的。

　　可是第二天，这个小男生把小板凳交上去的时候，老师露出了一丝不屑的神情。同学们也发出了笑声。

　　"这就是你的小板凳？"老师说。"你有没有看到，这一边完全是歪的，我昨天想错了，我以为你一定会交上来一份满意的作业，可是我只能说，你这个小板凳，是最丑陋的。"说着，老师把小板凳放到了一边，叫小男生回去。同学们都开始窃窃私语，嘲笑的声音也响了起来。老师强调了纪律之后，要开始上新的劳动课。

　　这个时候，他发现小男生站在原地没有动。

　　老师不耐烦地问："你干嘛不回去。"

小男孩眼睛亮晶晶地看着老师："老师，有比我那个板凳更丑陋的小板凳。真的有的。"

老师无奈地笑了："我那只是个比喻……"

还没有说完，小男孩已经跑回了座位上，他从凳子底下掏出了两只小板凳，又跑回了讲台，把小板凳拿出来摆在老师的眼前。

"老师，您看。这是我做的前两个小板凳。它们比第三个都要难看。"

老师顿时愣住了。他的眼中露出慈祥的微笑。

"老师错了。你的小板凳，是汇聚了努力和不懈的小板凳，是好看的小板凳。"老师温和地说道。

小男孩又认真地摇了摇头："不，我的那只的确丑，但是我还是会努力的，只要有时间，我还是会继续做小板凳，直到做出好看的小板凳。"说着，小男孩笑了起来。

老师也笑了："你呀。"同学们也笑了，同时露出了些许钦佩的表情。

这个有些木讷认真的小男孩，就是之后闻名于世的大科学家——爱因斯坦。

精彩点评

从小养成的习惯，会影响他的一生。爱因斯坦的经历告诉我们，不论是学习，还是创造，都需要不断实践，不断颠覆自己。就算失败了，这一次的失败，也会比上一次的失败，更接近成功。而接近成功，就是希望。重复不是无用功，而是一次比一次更接近完美的尝试。哈佛精神希望我们每个人都能不懈，不懈的精神不只在学习中，在生活中，在思考中，在探求中，都需要不懈的精神。

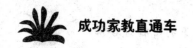

十四、逃离黑暗的强尼

强尼是个成功的企业家。当他暮年的时候，他的孙子常常缠着他讲故事，他把所有自己知道的故事都讲完了，终于有一天，他没故事可讲了，他的孙子却一直缠着他要听故事，他坐在摇椅里，眼前望着窗外蓝蓝的天，像是在回想着什么。于是，他给他的孙子讲了一个自己亲身经历的故事。

他那时还年轻，年少轻狂，在外打拼。一次经商回家，他正在往家里赶，那时候的交通还很不发达，几乎所有的路都是要用脚走的。他同行的人比他早到了家，剩下的几十里山路，他只有自己一个人走了。

就在他准备翻越一座山的时候，他突然遇到了一伙劫匪。他打量了他们一眼就知道，自己绝对不是这么多人的对手，于是他掉头就跑。本以为自己熟悉这里，能把他们跑丢，没想到还是有一个劫匪追了上来。他奋力奔跑，可是那个劫匪追得很紧。走投无路之际，他转身跑进了一个自己从来也没进去过的山洞。山洞里面漆黑一团，可是他跑动的声音太大，喘息声也藏不住，劫匪也一路跟着追了过来。就这样，没过多久，劫匪便捉住了他，一顿毒打之后，抢走了他身上所有的财物，包括最后一个他为了赶夜路准备的火把。

劫匪抢完转身便走，留下强尼一个人躺在原地喘息着。强尼休息好之后，终于站起来，扶着洞壁开始行走。

这个山洞又黑又幽深。外面的天早已黑了，洞内更是不透一丝光亮。这山洞乱得出奇，不仅地上崎岖难走，还有很多横生的尖刺和奇形怪状的岩石，而且横竖交叉，洞道多而乱，洞中有洞。劫匪开始时非常高兴，自己有一个火把，可以用来照明，既不会撞到硬物，也不会摔倒，还可以看路，可是慢慢地，他发现这个山洞，根本就是一个迷宫，走来走去怎么也走不出去。他慌了，渐渐他放弃了希望，最终，他力竭而死。

而强尼，虽然没有火把，可是他什么东西也没有了，身上很轻，又因为看不到路，他只能摸着洞壁，沿着一条路坚定地走下去。他一直跌跤，碰壁，但是因为这些疼痛，他保持着清醒，一直想着回去可有得疗伤了，就这样，强尼一直也没有放弃逃生的希望，他身处于黑暗中，稍微有一点光亮，就会非常敏感地感觉到，凭借着这一双习惯了黑暗的眼睛，他终于看到了微微发出光亮的地方。他一直冲着微光摸索爬行，终于找到的洞口，成功地走了出来。

精彩点评

世事无常，在黑暗中摸索的人，有可能获得成功。常年处于辉煌中的人，有可能会丧失方向，认不清自己所在的形势，坚持不下去。就像在大雪中会发生雪盲一样，其实即使在你生命的黑暗处，也不能丧失了生活的希望。上帝对人是公平的，它撤去你的火把，是为了让你拥有更明亮的眼睛。哈佛告诉我们，要能忍，要能够在缺少工具的情况下，还能完成事业。

十五、担负起应有的责任

在巨大的考验来临时，你能够依旧坦然入睡吗？

从前，在美国西部有一个不起眼的农场。农场主是个老实巴交的好人，但是他常常找不到帮忙的人手。因为他的农场所在的位置常常遭到暴风雨的袭击。从海上来的强暴风不仅仅会摧毁房屋，也会让长时间辛勤劳作的作物瞬间变为废物。还有一个更直接的原因：暴风雨来临的晚上，你根本就无法入眠！因为一个小小的失误都可能导致所有的一切付之东流。

可是，农场主一个人实在是忙不过来。于是，他还是不厌其烦地发广告，招聘助手。

这一天，又有一个人来应聘了。这个人看起来很不起眼，甚至长得有点猥琐。他已经四十岁了，并且，个子矮小，看起来也没有多少力气。农场主半信半疑地看着他，问："你确定自己可以做农活吗？你有什么不为人知的特长没有？"这位小个子雇工朗声答道："我可以在暴风雨交加的夜晚安然入睡。"

农场主并没有在他的回答中得到自己想要的答案。但是迫于暂时找不到新的雇工，又值雨季，收获的任务繁重，他决定暂时留下这个小个子雇工。这位小个子雇工每天的工作都很卖力，每一项工作都做得很出色。他的身体也爆发出与之不相称的能量。农场主在一旁抽着烟看着他，觉得很满意。

天气变幻莫测。这一天，暴风雨又在夜间光临农场。农场主从床上跳起来，赶紧点燃灯火，猛力拍打雇工的门窗。

"快醒醒！快！暴风雨已经来啦！"农场主焦急地大声嚷着。

"快把能绑起来的东西绑好，能收的收进仓库！"

雇工翻个身，揉着眼睛打开门，说："没事，我说过，我可以在暴风雨中安睡的。"说完，他转身走进屋子。

农场主听了他这句话，可是气坏了，他一把抓住雇工，恨不得当下就炒他的鱿鱼，心里暗自骂着"这个不负责任的人！"可是，看着雇工淡定的眼神，他决定先抑制一下自己的情绪。

他一个人提着灯笼跑到雨中，把整个农场检查了一遍：所有的干草堆都被盖上了油质布，并且盖得密不透风；所有的牲畜都安静地待在棚里；所有的门窗都关得紧紧的。尽管狂风暴雨，对农场并没有什么大的影响。

农场主终于明白了雇工那句话的意思，为自己没有当即发作感到庆幸。他也回到了自己的床铺上，安然入睡。

精彩点评

在哈佛幸福课上，有一节课的标题为："停止抱怨别人，承担自己生活的责任。"一个有责任感的人就像拥有一个巨大的金库。没有责任心的人是得不到幸运和机遇的降临的。拥有责任心，这不仅仅是一个好习惯，更是一笔财富。没有人愿意与一个没有责任心的人合作，也没有哪一位没有责任心的人能获得自身的完满成功。你对自己担负起应该担负的责任了吗？你是不是也能在暴风雨中安睡？

十六、一枚硬币和一个富翁

默巴克是个穷人家的孩子。他的父母都是普通的小职员，他们的生活经常陷入窘迫当中。默巴克也没有机会获得富人家孩子们随手可以挥霍的幸福。但是所有的窘迫都没有影响他内心的幸福，他依旧努力地学习，并且在十九岁那年以优异的成绩考上了斯坦福大学。

他知道父母的不容易，于是在学习之余勤工俭学。修剪草坪、打扫卫生、收发报纸……他做过无数的杂活，在出卖体力劳动中获得微薄的收入。周围同学们对他非议的眼光他并不在乎，因为他知道所有现在流过的汗都是为了以后能够更灿烂地微笑。

大学宿舍通常都是脏乱差的。他所在的斯坦福大学也不例外。每当保洁人员打扫完卫生，总是很快就会被新出现的垃圾占满。默巴克发现了这个现象，于是找到校方领导，说明自己愿意用空余时间来承包公寓卫生的打扫。负责人很赞同他的提议，于是批准他立刻实施。

默巴克非常珍惜自己的这份工作。因为有了这份工作，他再也不需要为学费发愁。他把几乎所有的闲暇时光都用在学生公寓打扫卫生上。所有目之所及的角落都是他光顾过的地方，他把所有能清扫的地方都清扫得干干净净。他常常会在角落里发现沾满灰尘的硬币。他把它们都收集起来，居然收集了不小的数额。

他把这些硬币收集好后，还给宿舍的同学们。他们往往都对此表现得不屑。

"不就是几块钱的硬币吗？我们都不想要它们了！既买不了多少东西，还占地方。你要的话就拿起吧！"默巴克的自尊心受到了伤害，但他还是默默地收起了那些硬币，继续自己的工作。

　　在一个月之后，默巴克把所有积攒起来的硬币放在一起，发现居然已经有五百美元。这是个可观的数字。他给财政部写了一封信，认为小硬币的丢弃是对财富的浪费。很快，他收到了回信。财政部门表示，每年在市面上流通的硬币数和闲置的硬币数的比例高达三比一，政府多次呼吁大家爱惜硬币，但是收效甚微。默巴克陷入了沉思。他发现了商机，如何把这些硬币充分利用起来将是一个有趣的话题。他为自己的想法而暗自兴奋。于是，他开始着手积累货币知识，尤其是与硬币有关的资料。

　　转眼之间，默巴克大学毕业了。当年的穷小子没有选择找一份稳定的工作，而是选择了在大家看来十分冒险的自主创业。但是，这一切在他看来并不是那么难。之前的长久积累让他在创业道路上走得坦荡。他创办了"硬币之星"公司。他把自动兑币机安装在各大超市，顾客只需要把手里的硬币投入机器，无须等待，就能够凭机器打出来的凭证到超市服务台去领取现金。而手续费只收取数额的 9%。

　　"硬币之星"很快得到了广泛推广。而当年的穷小子转眼也变成了百万富翁。

精彩点评

　　一枚硬币能做什么呢？我们常常会忽视这样的小细节。但是默巴克抓住了它，并对此进行了创新性的思考，于是发现了新的商机，并且获得商业上的巨大成功。对思维能力的培养和对创新能力的肯定一直是哈佛所强调的。授人以鱼不如授人以渔。请重视并尊重孩子的创新能力，重视对他们思维的培养，说不准下一位百万富翁就是他。

第六章
没有教不好的孩子

　　都说"父母是孩子的第一任老师，是孩子最亲密的伙伴，是孩子模仿和学习的对象"。父母的一言一行在潜移默化中会影响孩子的成长、对世界的认知。孩子是敏感的。有时家长的一个不经意的举动都会在孩子的心里留下不可名状的深刻印象。本章中，编者将和大家一起探讨在教导孩子的过程中需要注意的几个细节。

一、没有不听"话"的孩子

杰克和保罗是一对非常好的朋友，他们从高中开始就成为了一起踢球一起聊天一起追女孩子的铁哥们。杰克非常勤勉，而保罗则爱偷懒，糊里糊涂的，但这并不影响他们的友谊，一直到现在，两个人都到了而立之年，他们也经常带着妻儿去对方家里做客。

杰克的儿子是个乖巧懂事的孩子，而相反的，保罗的孩子则好动并且"破坏力"很强，到处冲撞，也没有礼貌。保罗每次来到杰克家中，只好不停地为孩子的行为道歉。杰克总是一笑而过，表示这点小事没什么的。可是日子这样慢慢过去，保罗开始好奇，为什么自己的孩子就这么不听话，而杰克的孩子却那样让人放心。

有一天，保罗带着儿子来杰克家中吃晚饭，杰克的妻子做了一桌子好菜，一大桌人坐下吃饭的时候，保罗的儿子开始用手去拿鸡腿，还把酱汁碰得到处都是。

保罗翻了个白眼："我的上帝，汤米，你就不能安静一会儿吗？"

汤米看了看保罗，倔强地一甩头。

吃完饭，两个孩子一起去卧室玩游戏的时候，钱德勒突然大声哭了起来，两个大人跑了进来，发现汤米用火柴划出火花，火花把钱德勒的手臂烧出了一个伤痕。

保罗大声喊道："你这蠢货！你给我出来！"说着他拽住汤米往客厅走。他一把将汤米放倒在自己的腿上，开始使劲打他的屁股——汤米也开始哭号了起来。杰克看到这一幕，将孩子交给妻子手里，然后从保罗手里抢过汤米。

杰克说："够了，这不是孩子的错，是你的错。"

保罗诧异："你说什么？我不打他，才是我的错！"

杰克没有理他，只是抱着汤米走到厨房。保罗还在哼哼唧唧，可是还是好奇地跟了过来。

杰克倒出了一杯滚烫的开水，问汤米："汤米，你看，这个烫不烫?"

汤米揉揉发红的眼睛："不知道。"

杰克："我允许你碰一下，就一下。"

汤米好奇地用手碰了一下杯子，顿时被烫得缩回手来，叫喊着。

杰克又说道："这个东西叫做开水，而你刚才玩的那个叫做火，火比开水还要烫一百倍哦，所以碰到很疼，不要去碰哦。"

汤米点点头："我再也不碰了……对不起。"

保罗很惊讶："他为什么听你的话，却从来不听我的。"

杰克："孩子是不懂为什么不能做什么事情的，你的责任不是告诉他不能做什么，而是让他体会到这么做下场会是什么样，有了经验，他自然会明白该做什么，不该做什么。你有打他的时间，不如好好教教他，烫这一下，比你打他十下，管用多了。你方式不对，再用力也是南辕北辙。还有刚才在吃饭的时候，你只是让他老实，可是他并不明白为什么要老实，你要告诉他，他不老实，给别人带来了不方便，别人会不喜欢他，他知道了这些，才懂得自律。"

保罗若有所思地点点头。

杰克又意味深长地看了他一眼："没有不听话的孩子，只有笨得只会打屁股的家长。靠打屁股和呵斥的话，你要费更多的时间让孩子走弯路。"

精彩点评

教育方式是个很值得研究的事情，也是每个家长的必修课。其实孩子都很聪明，只是他们还太小，对于这个世界的规则，他们需要人来指导，一味言语直白告知，他们并不理解，之后做错事情，家长常常以为，是孩子不听"话"，实际上是孩子根本没明白你的"话"，要把"话"说得有理有据，生动灵活，才能真正教育到孩子。懒惰的家长，是不会教出懂事的孩子的。

二、最好的教材

南希二十多岁了，她一向善良可爱，不管是学习还是工作，她从来没有出过大纰漏，她最喜欢说的话是："我大方向没有错，小地方糊涂点也没什么，难得糊涂嘛。"熟识南希的人都知道，无论什么事交到她手上总是没错的，她非常负责，也非常可靠，只不过她在自己的生活上，就不是那么在意了，家里比较乱，作息也不是很好，吃东西的时间更是随心所欲，从来没有正经规划过。

这一切在南希拥有了第一个宝宝开始，就都变了。南希的丈夫鲍勃对妻子的这种变化感到非常吃惊，因为他曾经劝说过南希很多次，可是她从来没有改变过自己的生活规律和生活习惯。而南希的朋友们再来南希的家中做客的时候，也被她整洁的家震惊了，这完全不是她们印象中的南希了。

一次，南希和她的闺蜜莉莉安约好一起去逛街，南希带上了自己五岁的女儿。天气非常热，她们决定买一些冰淇淋来吃。莉莉安吃完自己的冰淇淋，在周围扫了一眼，发现没有临近的垃圾桶，于是她随手把冰淇淋的外包装扔在了地上。南希立马走上前去，将地上的外包装捡了起来。

莉莉安感到被刺痛了："你这是什么意思。"

南希说道："当然是找个地方扔掉它了。"

莉莉安不屑地说："我已经扔掉它了。你没必要假惺惺的，我知道你习惯没那么好。这条大街上，每天都有工人来扫地，用不着你替他们做活计。"

南希本来表情还很轻松，听到莉莉安这么说，一下子就正色说道："请你不要这么说，我的孩子在这里。"

莉莉安很莫名："这和你的孩子有什么关系。"

这时候，她们已经正好走到了一个有垃圾桶的地方，南希将手中的冰淇淋包装纸丢进了垃圾桶分类的"可回收"中，然后蹲下身子，对女儿说道："宝宝，看，这里是丢垃圾的地方，以后啊，都要丢在这里，马路上虽然有工人扫，但是他们工作也和妈妈一样，都很累，能帮他们减轻一点负担，我们就不要偷懒，好吗？"

宝宝乖巧地点了点头："妈妈，我知道了。工人们都很累，垃圾要丢进垃圾桶。"

南希将脸贴在宝宝的脸上："宝宝真乖，妈妈喜欢。"

莉莉安看到这一切，不禁有些酸溜溜的："你还挺会教育宝宝。"

南希说："你知道我为什么把自己以前的很多坏习惯都改掉了吗？有一次，我在熬夜的时候，宝宝也不肯睡，她说我不睡觉，却要她睡觉，不公平。从那以后，我就改掉自己所有的坏毛病，不断改善自己，我可以对自己不好，但是我绝不能对宝宝不好，如果要对宝宝好，前提是我要对自己好的话，那我一定会以身作则。如果我都做不到，我凭什么要求她能做到呢？而养成了好习惯，我也更健康，能做好一个合格的母亲了。"

莉莉安露出了钦佩的神情。

精彩点评

家长是孩子的第一任老师。人们常说"为人师表"，作为父母，其实最首要的，并不是开始学会教育的方法，而是端正自己的态度——自己不能成为的人，不要要求自己的孩子去做到。孩子最初行为的模仿对象就是你，如果孩子不够好，家长是要负一半以上的责任的。还有很多家长喜欢让孩子去完成自己没有完成的梦想，我想这也是属于这一类的，你都没有做到的事情，为什么要让孩子去做呢？这只是宽以待己，严以待人，却以"一代更比一代强"作为借口的行为罢了。

三、不让教育权旁落

　　我和朋友都非常喜欢小孩，虽然我们都还没有小孩，可是在路上遇到了孩子们，还是会多看两眼，忍不住去逗两下。

　　有一次和朋友一起坐公交的时候，在朋友身边站了一个抱着小孩的妈妈，那孩子的高度正好跟朋友差不多高，奇怪的是，他一直不停地用脚去踹朋友的胳膊，刚开始，朋友只是微笑看着他，可是那个孩子看到朋友没有任何反应之后，变本加厉地更加使劲踢她。朋友看了我一眼，我表示"不知道怎么搞的"，然后朋友看了看小孩的母亲，目光带着警示，可是那位母亲一点反应也没有，只是瞪了朋友一眼，朋友继续忍气吞声。

　　公交里很挤，朋友无法往其他地方避让，只好转过头跟我小声说："这孩子怎么这么讨厌。"我点了点头，给她让了点位置，但是那个小孩依旧不依不饶兴趣盎然地踢着朋友，朋友平时是个非常直爽的人，她能忍这么久，我觉得很不可思议。

　　那小孩子终于把朋友踢疼了，有一下似乎特别狠，朋友忍不住发出了"嘶嘶"的抽气声。那小孩居然露出了高兴的神色，看着母亲仿佛邀功一样。母亲对他笑笑，没说什么。朋友大吃一惊，然而当那小孩子又把脚伸过来的时候，朋友一把抓住了小孩的脚踝。

　　"够了，把你的脚收回去。"她说着，然后把那孩子的脚贴在他另一只脚上然后用手摁住了大概两三秒，表示不可以再踢过来了。孩子眼眶里一下子就蓄满了故意的泪水，大喊了一声："妈妈！"

那位母亲，在孩子踢了朋友无数下都没开腔的情况下，这会儿就像被激怒的狮子一样吼了起来："你干嘛打我儿子！"

朋友："我没有打他。"

周围的人也纷纷开腔了，都说明明看到了她儿子踢这位姐姐很多下，而且姐姐也没有打他。那个盛气凌人的妈妈虽然不服气，也不好多纠缠。

而我的朋友平静地说："这位母亲，我今天没有打他，可是如果我打他了，错也不在我，换了任何一个人，遇到这样的待遇，只要他正常，都会以眼还眼，可是你的孩子并不懂得他过分之处，这是你的过失，然而你的过失要造成你的孩子或早或晚，不是今天也是以后，遭到别人的白眼甚至伤害。请问，如果那时候，你不在他身边，不能守护他，你要怎么办？你是打算现在管教他，还是等到以后他自己在外面，被别的不相关的人管教？"

那位母亲低下了头。

朋友继续说道："如果是我，我的孩子，只有我能管教，等落到别人来说他的时候，我就已经太失败了。"

那位母亲嗫嚅着在下一站下了车。

精彩点评

社会上现在流行一种说法叫"熊孩子"，这种孩子破坏性很强，并且父母对他听之任之不作管教，导致周围的人忍不住指点一二，这样的父母，不仅仅是让孩子去为害社会，更是把教育孩子的权利和义务交给了社会，而社会在反馈信息的时候，是绝对不会比家长柔软的，此时家长就会受到自己疏于管教的惩罚。这样的惩罚不仅仅是对家长的，同时也对孩子的成长造成了不可逆转的伤害。孩子年纪小，会有思想认知上不到位的地方，但是作为一个具有成熟思想的家长，不应该以孩子年纪小为借口，放纵孩子的行为。

四、他不是你的

老约翰是个退役陆军，他的字典里，从来没有温柔两个字，所以他的儿子乔伊非常怕他，反而跟母亲比较好。这造成了乔伊的个性比较软弱，而软弱的乔伊又实在让约翰看着气不打一处来，所以他平日里对乔伊并不是很在意。乔伊对于约翰并不理他感到松了一口气。

老约翰的儿子是老来子，才7岁，因为父亲时常都是鄙视和忽略的态度，而母亲又相对溺爱他，他的个性变得十分迷糊，也比较自卑，可以说老约翰的父子关系，几乎像是他对下属一样的。他一直希望自己的儿子成为一个合格的军官，可是敏感多思的乔伊，却非常喜欢写作文和诗。这让老约翰这种枪杆子拿惯了的人非常不舒服。

这一天，老约翰的战友詹姆斯来到了他家中做客，这时候乔伊已经去上学了，两人在客厅寒暄着，回忆以前的事情，老约翰的脸上露出了不多的笑容。正在此时，门被打开了，乔伊怯生生地走了进来，老约翰一下子严厉了起来。

"你这小子，你不上学吗？怎么回来了？是不是又忘带书了？"老约翰气不打一处来。

乔伊害怕地点点头，一溜烟贴着墙壁跑进了自己的卧室。老约翰站了起来，走到卧室的门口。

"你成天脑子里面在想什么？你知道你这种行为等于什么吗？告诉我乔伊，一个战士，上了战场却不带枪，他的下场是怎样？"

乔伊的声音颤抖着："他会死，爸爸。"

老约翰说："大声一点！你是个男子汉，不是个小鸡子儿！"

乔伊已经要哭了："是的，爸爸。"

老约翰托着额头："哦，我的天！你还能做好什么？你这个样子下去，你怎么成为一个军人？"

乔伊终于掉下了眼泪。他呜呜哭着，用手背擦着眼泪，可是他还是低声说着："我不想要成为军人，爸爸。"

詹姆斯一直看着这一幕，发现老约翰快要发火了，就快步走进了乔伊的卧室，他是个和约翰差不多高的壮汉，乔伊看到爸爸的老战友走了过来，脸上露出胆怯的神色，然而詹姆斯却在他面前蹲了下来，目光和他平视。

"乔伊，在学校的表现好吗？"詹姆斯用快活的声音问道。

乔伊有些莫名，但是规矩地回答道："老师今天还夸奖了我，昨天的小作文写得不错呢。"

詹姆斯大笑："我们的乔伊真有一手，不愧是约翰的儿子啊。"

乔伊一直把自己的父亲当做偶像，听到了这句话，他不禁露出了灿烂的笑容。

詹姆斯拍拍乔伊的脑袋："好啦，快拿上书去学校吧，别耽误了课程。"

乔伊飞快地装好书，奔出了家门。

老约翰看着乔伊跑走，对詹姆斯说："你没必要对他那么好，这小子就是欠调教。"

詹姆斯微微笑着："你知道吗，我的父亲也是个军官，我从小被他训练成为一个军官的技能，而我真正的梦想，是成为一个画家，虽然我现在事业有成，可是因为这一点，我一直恨他，你希望乔伊恨你吗？你再看看，他适合当一个军官吗？你用军官的标准来要求他，不仅把他的自信全部抹杀，他更不可能成为你想成为的人，他喜欢的事情，做得很好，你却一点也看不到。"

老约翰听了还是有些不服气："可是，诗人……作家，实在不是我们家的风俗。"

"你要搞清楚，他是你儿子，但是不是你的，你要让他追求自己的梦想。"詹姆斯严肃地说。

老约翰缓缓点头，陷入了思考之中。

精彩点评

　　有很多家长，认为自己给予了孩子生命，就可以成为他的上帝，指使他成为自己想要他成为的人，这种观点看似正常，但实际上对孩子会造成不可磨灭的心理伤害，严重的甚至扭曲孩子的性格。孩子是一个独立的个体，有他自己鲜活的生命，与此同时也就具有了自己独立的思想。孩子不同于提线木偶。提线木偶没有思想，可以被操纵，也不会产生痛苦，可是孩子再小也有思想，让他们自己做决定吧。

五、给他足够的尊严

迈克十五岁了，正是叛逆的时候，虽然他很多时候觉得父母说得是对的，但很难听到心里去。他非常喜欢和朋友们一起出去玩，或者在家里开派对，这些都是他父母比较反感的，他们希望他能坐下好好学习，不要天天在外面疯玩，也不喜欢他把一些"狐朋狗友"带回家里，把家里弄得一团糟。

这天，迈克又把一伙朋友带回了家里，发现父母不在家之后，他们就撒开了欢儿，等家里已经乱套了，迈克才想起来，过一会父母就下班了，可是已经来不及收拾了，父母已经到家门口了。

迈克手足无措地让朋友们收拾着，但是父母已经看到了这乱糟糟的一幕，他们终于忍受不了迈克一而再再而三地给他们制造麻烦了，于是迈克的父母当着所有他同学的面，怒斥了他一顿，迈克很尴尬地站在那边，迈克的父母随即把所有人都轰了出去。

"嘿！别这么对待我的朋友。"迈克终于喊了起来。

"那你怎么不去交一点好朋友，你看看你带回来的朋友，把家里弄成什么样了？"迈克的父亲喊着，一边推搡他的朋友们。

迈克的朋友们都用同情的眼神看着迈克，一边默默撤退，还有人议论着，迈克的父母怎么这么不近人情，迈克在家里的地位真低。

迈克感到恼火极了，可是他又没话可说，他只得跑回屋里，将头埋在被子里。

迈克的父母感到好笑，做错事的是他，为什么好像他们反倒成了坏人似的。因此他们没有理他。

第二天，迈克的父亲走在下班的路上，突然，他看到迈克和朋友们走在前面，似乎是刚放学。他刚想上去，忽然听到他们在说着昨天的事情。

"嘿！迈克，他们平时对你也那么坏吗？"一个女生调侃地问。

迈克一笑："别扯啦，我们家都是很民主的，不然你们根本也来不了我家。"

"可是你父母看上去根本不在乎你的面子。你糗死了，真的。"那女生接着说。

迈克没说话。

有人接着问："你父母就那么专制吗难道？你在家真是一点尊严也没有。"

迈克喊道："嘿！可是，我错在先，我爸妈，对我还是非常好的。他们也是受不了了才会……"

一个女生立马接嘴："我在家可是没人敢那么对待我的朋友的。"

迈克住嘴，开始了沉默。迈克的父亲静静跟在后面，思索着。

吃晚饭的时候，迈克的父亲不经意地提起，要他请他的朋友们来家里，迈克很吃惊。

"可是爸爸，你不是不喜欢我的朋友吗？"迈克说。

"没有这回事，我和你妈妈只是……当时有点生气，对不起，是我们失言了，但是你也要知道，我们家不是只有你，我和你妈妈，收拾屋子也很累，希望我们之间，能都是公平的，以后你带朋友回家，我和你妈会回避，可是我们要在家的时候，你才能请他们过来，好吗？"迈克的父亲平静地说。

迈克笑了："谢谢，我知道了。"

迈克又邀请了朋友们过来，举办了一个热闹又不乱套的派对。

精彩点评

请把孩子作为与自己平等的个体而对待，不要因为他们的年纪小而觉得他们比自己矮一级。孩子虽然比父母的年纪要小，但是在脸面上，孩子的自尊心也是很强的，他们也需要偶尔在自己的圈子里，得到认可，父母在要求孩子给自己长脸，外出要乖巧，懂礼，对自己尊敬的基础上，也该以同样的要求对待自己。

六、纠正坏毛病的正确做法

玛丽的儿子罗斯非常淘气，虽然已经十岁了，还是管不住自己，上课坐不住，写作业不专心，爱吃零食，等等，玛丽非常头疼，可是不论骂他多少次，他都不肯改，尤其是挑食这一点，玛丽尤其想要让他改正，可是不管给他夹多少菜，最后总是剩在碗底，人就跑了。

这一天，玛丽家中的宠物狗小哈生病了。玛丽交代保姆，督促他把作业做了，然后就去宠物诊所了。

到了宠物诊所，给小哈治疗的医生非常耐心，他不仅帮玛丽把小哈的药开好，还从小哈的神情动作中看出，小哈的习惯不是很好，并且见到生人容易激动。玛丽很吃惊，因为医生说得都非常对，于是她便问，这是为什么。

"你在家比较宠爱它对不对。"医生问。

玛丽点头："您怎么会知道。"

医生说："它比较蛮横，可以看出，平时在家里的地位比较高。"

医生又说："平时你对它的作为是怎么管教的？"

玛丽回答道："也没什么，就是如果不听话，我就吼它几句。"

医生摇摇头："狗不是人，你吼它，它其实听不懂，你只要引导它做好的作为，然后马上给予奖励，譬如它爱吃的狗粮，它马上就懂得了，做这件事的时候，有好东西吃，而做那件，没有，它自己还不知道怎么选择吗？"

玛丽顿时大悟。

走在回家的路上，玛丽突然想到，其实在纠正行为上，人和动物是没有什么分别的，可以这么对小哈，为什么不可以用在罗斯的身上呢？她激动极了，觉得自己平时使劲骂小哈也没有用，今天终于有办法了。

回到家中，保姆无奈地对玛丽说："我叫他做作业，可是他完全不听我的。"

罗斯看到母亲回来了，害怕得一缩脖子，逃回了房间，开始装模作样写作业。

玛丽走到罗斯的面前，罗斯马上喊道："我在写，我在写作业了！"

玛丽刚想吼他，突然想起路上的想法，于是她压下怒火，将手放在罗斯头上，说："不错，快写吧。"

罗斯一下子把头扭过来，昂首看着玛丽，一脸的不可置信，玛丽笑了笑，去给保姆结账了。

不可思议地，罗斯的作业写得出奇的快，马上就写完了。玛丽高兴地夸奖道："我的罗斯真棒，今天晚饭吃你最喜欢的小龙虾！"

罗斯高兴得蹦了起来。

在那之后，罗斯做得不好的事情，玛丽只是淡淡地提醒，一旦罗斯按照她的提醒改正了，她马上热情地夸奖。

不久之后，罗斯开始爱吃蔬菜了。

精彩点评

每个大人都喜欢听顺耳的话，事实上每个孩子也都喜欢听别人夸自己。虽说"忠言逆耳"，然而并不是所有的忠言都必须逆耳。没有人喜欢天天活在别人的骂声之中，只不过，被骂是会麻木的，被骂的时候，产生的也是负面情绪，是无法激励人向正确的方向去前进的。而被夸奖会产生做好事的积极性，也更容易纠正孩子错误的习惯行为。

七、批评的艺术

阿依莲是个十岁大的小女孩。她有一个幸福的家庭，有一个三岁大的弟弟和很爱自己的爸爸妈妈。十岁，正是孩子喜欢调皮的时候。这一天下午，她和自己的家人一起坐公交车到公园玩。到了车上，她坐在座位上，开始调皮，引得自己的弟弟和自己一起捣乱。

她告诉自己的弟弟丹尼："你知道吗？你的爸爸不是咱们现在的爸爸，他是一只黑猩猩。"丹尼不相信她的话，和她吵闹起来。可是阿依莲依旧不依不饶，她继续说："公园里的狮子会咬掉你的舌头！如果你再不相信继续说下去的话。你知道吗？公园旁边就是监狱，你不听话的话，我会告诉妈妈，把你送进去！"丹尼吓得哭起来。

旁边的阿姨看着这一幕，对阿依莲指责起来："哎呀，怎么会有这么讨厌的小孩呢？这么捣蛋。你都把你弟弟吓坏了，乌烟瘴气的。"

但是阿依莲并没有立刻认错，反而不理周围人，自顾自地玩起来。

他们的妈妈坐在一边也开始担心起来。她从来没有见过阿依莲这么捣蛋，但是她也不愿意听到这样的指责。她责备起阿依莲："阿依莲，你今天是怎么了？不要再捉弄你的弟弟了。他有玩具的时候都很大方地和你一起分享，你不是也喜欢教他学习画画的吗？怎么今天一点都没把他当做自己的好朋友呢？你吓到他了。我知道，你不是故意的，快向他道歉吧！以后再这么做的话，我就不允许你出来玩了。"

阿依莲听了妈妈的话，回头对丹尼笑了笑，给他擦去了眼泪。

在这个故事里，阿姨是个好心人。她看不惯这样的孩子，于是口无遮拦地直说。但是她的表达方式是有问题的，她把指责孩子的个性和批评这件事件混在一起。阿依莲在她的批评中得到的信息是，"我是个坏小孩，所有人都讨厌我，他们都巴不得看不到我。"显然，这样的批评让阿依莲觉得自己没有存在的价值，也就没有改正的想法，只有选择赌气，不理睬大家。而妈妈的批评则是就事论事，并且也提到了阿依莲的好，对她进行了肯定。这样说来，阿依莲更愿意接受，也觉得自己比较有存在的价值。并且，她没有对阿依莲的个性进行指责，而是引导她发现什么才是正确的行为。

批评本是个中性词，但是不同的批判方式会带来不同的效果。如果按照阿姨的批评方式来教育孩子，那么孩子很难在成长的过程中形成自己的价值认同，以后的个性发展中会倾向于悲观和自我封闭，这对他们的成长是很不利的。日后，孩子也就更容易变得抑郁，从而难以获得成功。而阿依莲的母亲的教育方式则会让孩子在理性的思考中认识到自己的存在，并且发现自己存在的价值。如此，孩子在成长中会获得乐观的经验，此后抑郁的可能性会减少，也更易在此后的发展中获得成功。

精彩点评

一个孩子是乐观的还是悲观的？这并不仅仅取决于先天，也取决于孩童时的教育环境。这个教育环境不仅仅是现实世界中的生活体验，也来自父母以及其他人对他们的情感付出。我们都愿意自己是一个乐观向上的人，也愿意孩子是这样。那么，我们应该在教育当中尽可能地多思考自己不经意的举动可能给孩子带来的改变，并且尽可能地引导他们健康的成长。

八、收起你的善意

一个人究竟应该拥有多大的一份空间呢？对周围人的空间入侵多少才不算是侵犯？

大学期间，我有一个很善良的舍友。她喜欢关心别人，总是很热心地问很多的问题，为别人做很多的事。她喜欢开着手机上的录音机时刻记录身边的声音，喜欢不管别人在什么状态随手拍别人的照片，喜欢刨根问底地询问别人的生活。与此同时，她也喜欢给别人一些命令，比如"你把桌子上的东西吃了"、"把你的东西给我"，或者不需要告知，直接对别人的东西进行位移。如果说她有什么缺点，恐怕就是变脸比较快了。如果不能马上满足她的要求，她会立刻从晴天娃娃变成可怕的暴风雨来临。如果拒绝配合她做这些，她会很难过的告诉你，"我那么关心你，你怎么能……"她总是说自己的出发点是好的，是为了关心你才这么做。然而，她似乎从来没有考虑过自己这样做是不是给别人的生活造成了影响。我和她是很好的朋友，于是更免不了受到她的照顾。可是，常常接受照顾的我并不如她所期待的那么快活。相反，被压制的感觉常常让我喘不过气来。甚至有些时候，我忍不住想逃避与她在一起的时间。

其实，她所做的其实并不罕见。比如说，我们常常会告诉孩子，"你要把早餐都吃光"、"你必须穿这件衣服"、"你必须微笑"，等等。我们会觉得他们是小孩子，不懂事，需要我们的引导，而我们的所作所为是为了他们好。于是，我们站在高姿态上，觉得这是对孩子的关心，但是并不思考这样的表达方式是不是合适。事实上，这样的做法已经剥夺了孩子自己选择和理解的权利。

每一个人，只要他想，总可以为自己的行为进行合乎逻辑的辩护，不管这种行为是否真的合乎善良的本质。他可以为自己找到一个足够合理的身份，比如好朋友，好男友，好邻居，好家人，好主人，等等，然后躲进这个标签里。他们可以说自己是一个富有爱心、善良易感的普通人，然后心安理得地慢慢老去。我们对此不满。但是我们也可以把一切罪责推向这个社会、这个时代这些宏观庞大的东西，说是它们一手所为，说现实就是这样，我们是被洪流裹挟的，也没有办法。甚至会有人嘲笑对这些不满的人，认为想这些问题，这样做都是很傻帽儿的行为。但是，天地不仁，以万物为刍狗。不管社会标签如何，每个人都有属于自己的那一方空间。有时候，给别人自由，是最大的善良。当我们在努力为捍卫自己的自由而战的同时，也要考虑一下是不是侵犯了周围人的自由。

精彩点评

善意到底是什么？我们可以说自己是一个对周围人很善良的人，关心所有人，甚至不管周围人是不是需要自己这样强力度的关心。我们也可以说自己是一个充满感情的人，包办所有，甚至不管这样的包办是不是适合被包办的人。只要我们觉得合适了，似乎那就是对他们合适的。这是一个很自我的做法，并不利于孩子的成长，也不利于和谐关系的建立。请收起你不合时宜的善意吧！

九、你的孩子永远是最好的

比尔博十四岁了，他是班里最好的学生，成绩数一数二。然而他总是阴沉着脸，一副不高兴的样子。老师和同学都习惯了他这副样子，以为这就是他的个性，所以没有在意。他自己也没有说过，因为他和周围人的交流少得可怜。可他比较熟悉的一个朋友，是班里学习中等的一个男生，叫贝克，他们常常聊天。

这一天，比尔博又拿到了年级第二的好成绩，大家纷纷对比尔博投来羡慕的注视，然而比尔博的脸却比平时还要难看，大家都不明白，但是没在意，各自收拾东西回家了。

比尔博也收拾好了东西，在走廊上，他看到了一个男生，他悄悄地跟了上去，在那个男生的背后不断张望，那个男生一直没有发现他。贝克正好走在比尔博后面，看到他想马上冲上去和他一起回家，却看到他蹑手蹑脚地跟在一个男生后面进了自行车车库，他以为无聊的比尔博终于有了点玩游戏的头脑，于是也好奇地跟了过去，没有发出声音。

可是当贝克跟到了自行车车库，却被吓傻了——他看到比尔博正把那个男生摁在地上，用手捂住他的嘴巴，不让他发出求救的呼声，而另一只手，他正高高举起一把小刀！

贝克顿时冲了上去："比尔博！住手！快停下来！你这是在做什么！"

比尔博听到了这个呼声，一下子停下了手，那个男生马上从地上站起来，可是由于惊吓过度，他竟然腿发抖无法逃跑，原地哭了起来。比尔博也有些茫然的样子，仿佛并不知道自己刚才做了什么，一下子清醒了过来。

这时候，这边的吵闹哭喊的动静，已经惊动了老师，他们往这边跑来，询问了事情的经过，都很惊讶，比尔博是个阴沉的孩子，但是他们一直知道他成绩非常好，是不可能做出这种事情的，只有成绩不好的孩子才打架，可是比尔博，他居然想杀人了……

比尔博的班主任把比尔博叫到了办公室——这可是从来没有过的事情，比尔博显得有些不安，可是他仿佛没有认错的惭愧。

班主任让比尔博站在他面前，自己坐了下去，仰望着比尔博："你来讲讲，你为什么这么做？"

比尔博还是很茫然："我……我……"

班主任严厉地看着他："你最好早点说，我今天不用回家，我有的是时间和你耗着。"

比尔博眼神很迷离："我只是想，只要他不存在，我就是第一了。"

班主任想了一下："原来是……他是年级第一对不对？"

比尔博点点头。

班主任不明白："比尔博，你是我们班的骄傲，你这次是我们班的第一名，你为什么没有这么想呢？"

比尔博眼中突然蓄满了泪水："我不能这么想，这样是不对的。"

这时候比尔博的父母冲了进来，他们接到了老师的电话，出了这么大的事情，他们当时放下手上的事情，就跑来了学校。

比尔博的父亲伸手抓过比尔博，就开始骂他，骂他不仅学习上比不过别人，还开始动邪念了。

比尔博没有说话，只是一直哭泣。比尔博的母亲也板着脸，一直骂他不干好事，什么都比不上别人。

班主任看着这一切，仿佛明白了什么。她走过去，把比尔博拉了过来，父亲奇怪地看着班主任。

班主任不徐不疾地说："你们别骂他了，我看需要教育的，恐怕是二位家长。"

父母互相看了看，不懂老师的意思。

班主任接着说："你们平时，总拿他和别人比？你们从来不夸奖他？你们从不肯定他？你们总让他觉得自己不够好？"

父母纷纷点头，母亲抢着说："可是，我们只是为了让他更好，让他不要骄傲——"

班主任打断了她："你们这种教育方式，他的确是不可能骄傲，但是，他连最起码的自信都没有了，今天会做出这种事情，不是他的错，是你们指导他这么做的。"班主任顿了顿："你们知道这孩子，我从来没见过他笑吗。"

躲在门口的贝克怯生生地说："我见过。"

大家都看着他。

贝克说："我跟他聊天的时候，我常常羡慕他成绩好，会夸他。那时候，他笑了。"

比尔博的父亲用手蒙住了眼睛，而他的母亲已经哭了，冲上去抱住了自己的儿子，紧紧搂着。

精彩点评

不要忽视"比"这个字的力量，比可以带来良性竞争，也可能会带来厄运。如果一味要求孩子，什么都要比别人好，会给他造成自己什么也不行，完全没有自信的人格。如果你也不是世界第一，请对孩子宽容，不要拿别人与他相比，他的自尊会一点点被蚕食殆尽。

十、接受不完美的他

班杰明是个精明的商人，他的事业风风火火，正是如日中天的时候。他的生活极其有规划，他可以说，几乎就是一个完美的人，而他的妻子，也温柔可人，这一对璧人，在所有人的眼中，都是不可多得的佳偶。然而班杰明的幸福在他获得了人生最大的礼物——第一个儿子的时候，戛然而止。

他的儿子凯利，生下来就一条腿比另一条腿短。

他不喜欢这样的儿子，他的人生，是完美的，他的所有，都是完美的，如果有这样一个并不完美的儿子，那么，他不知道要怎么面对他人的目光，他要强，要面子，可是这些不可能建立在有这么一个儿子的基础上。所以他故意拉开与儿子的距离，但是凯利的母亲却对这个儿子非常好，她从来不让他知道他是有障碍的，将他保护得非常好，即使在他第一次疑惑自己为什么和别人不一样的时候，她也和他说，那是因为你有特点，这是好事。所以凯利还是非常自信、阳光的。

慢慢的，凯利长到了上小学的年纪，他第一天上学，就被同学们嘲笑了，他走路一瘸一拐的姿势，和他明显不一样长短特制的裤子，让他在同学中间成了一个大大的笑柄。凯利明白过来，自己并不是"有特点"，而是"有缺点"。可是他想起了母亲说的话，他决定要相信母亲，而不是这些小孩子。他对嘲笑并不在意，他的小身板坐得直直的。那些孩子看到凯利这个样子，渐渐也就不嘲笑他了，他们开始好奇，他是怎么成这样的。

凯利看到他们都围过来，就讲了这样一个故事，他出生的时候，天使问他，可不可以给它一小段腿，它因为腿崴了，只好瘸着腿送小朋友们下去，但是瘸着腿，工作都做不完。凯利很可怜它，于是就给了他一小段腿。孩子们听到这个故事，都震惊了，他们注视着凯利，却从嘲笑的眼神，慢慢变成了钦佩的眼神。

等凯利回到家里，凯利的母亲已经焦急地等了许久，她一看到凯利，就冲了上去，注意着他的每一个表情，然而凯利和平时一样，没有什么不同。凯利的母亲试探着问他。凯利很坦白地说，自己受到了嘲笑。班杰明也听到了，他感到非常不好受。接着凯利给他们讲了后来发生的事情。他的父母一下子震惊了。

班杰明问道："这个故事，是你妈妈讲给你的？"

凯利一昂脖子："没有，这事情是真的，我在梦里面，梦到过。"

班杰明嘲笑："梦里的事情，不能算是真的。"

凯利眨着大大的眼睛："可是梦里面，我真的把我的腿给了那个天使。"

班杰明突然不笑了，而凯利的母亲眼睛中蓄满了泪水。

他是没有正常人的双腿，可是他有一颗善良的心，比所有人都善良，他也比所有小孩子都坚强。在面对嘲笑的时候，他镇定自若地完美地解决了事情。从那之后，班杰明与儿子的关系一下子亲密了起来，他也乐于给朋友们介绍自己的这个儿子。

没错，这个儿子，的确是上帝给他人生最大的、最好的礼物。

精彩点评

虽然不是每个父母的孩子，缺点都会这么"严重"，但是每个孩子身上，或多或少都有缺点。哪怕你是一个没有什么缺点的人，也不能因为这些缺点，就放弃或者不喜欢自己的孩子，因为如果你这么做了，你就是一个有最大缺点的家长。爱自己的孩子，从承认他们的缺点开始。

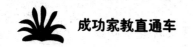

十一、最可怕的不是失败

　　艾米丽非常紧张，今天是她的女儿汉娜参加运动会的时间，汉娜为了这个运动会已经准备了一个多月了，她的项目是接力，这个项目非常需要考验赛跑者的各项能力——团队合作，心理素质，精确计划，交接技术，还有最基本的——速度。

　　虽然经过了各种训练，可是汉娜还是非常害怕，因为她的心理素质，实在有点脆弱，她在交接棒的时候，会很害怕棒子落地，因为这样，到了她这里，棒子十有八九要落地。她经过训练之后，已经好很多了。刚开始她是不想接受这个任务的，但是她跑得快，是人尽皆知的，所以大家推举她一定要参加这个项目，其他项目班里都有能人，唯独接力，每年都被别的班拿到冠军，所以一定要她上。

　　汉娜曾经对他们说，就算失败了也不能怪她。可是汉娜心里很清楚，万一失败了，他们哪怕不怪她，她自己也很难原谅自己。越这么想，她越紧张。

　　艾米丽送汉娜一起去学校，她今天特地请了假，来看女儿的运动会。

　　"汉娜，哪怕你接棒子，掉到地上，也别忘了，你是跑得最快的，你捡起来继续跑，你们也是能赢的，不要太紧张了。"艾米丽的手放在汉娜的肩头，给她打气。

　　"好的，妈妈。"汉娜虽然嘴唇都在发抖，可还是给了妈妈一个微笑。

　　比赛开始了，汉娜在最后一棒，最后一棒是需要跑得非常快的人的，可以补救前面三棒发挥的问题，冲刺只要够快，那赢的概率也就很大了。汉娜看着棒子一个接一个地离自己越来越近，她的心都提到了嗓子眼上，前面三棒发挥得非常好，汉娜一边念着"上帝啊——上帝啊——上帝啊"，一边想着"千万不要出意外"。而在看台上的艾米丽，也紧张得握紧了自己的手。

终于，第三棒把棒子塞在了汉娜的手里，汉娜没命地冲了出去，远远超过了后面那个人，她快乐的想，我没有掉棒子！没事了！我们可以赢了！就在她跑到了一半的时候，因为跑速过快，思维又有点开小差，她上肢和下肢没有平衡好，摔了一跤，虽然她尽快站起来，可是她发现自己的脚崴了，她用最快地速度小步地跑着，可是后面的人已经超了过去。过终点线的时候，汉娜已经哭成了泪人。

前三棒围了过来，查看着汉娜的脚踝，嘘寒问暖，可是汉娜还是哭着，她们四个抱成了一团，前三棒安慰着汉娜，可是汉娜说："以后我再也不要参加这个项目了！"艾米丽走了过来，对前三棒使个眼色，她们看着汉娜，遗憾地离去了。

艾米丽将汉娜拥在怀中，轻轻安抚着："汉娜，告诉妈妈，这次你哪里出错了？"

汉娜说："我参加这个项目就是错误！"

艾米丽说："不，我要你确切告诉我，你为什么会跌倒。"

汉娜说："我……我想着，我们赢了，然后跑步没用心。"

艾米丽说："这就是了，你一直想着接棒子的过程，但是却忘了注意你最拿手的部分。这个失败教育了你，你千万不可以掉以轻心。我觉得这个比你没有成功都要好，因为你现在知道了自己哪里有问题，并不是紧张，也不是接棒子，只有一点，不能掉以轻心。我想这个，比紧张和接棒子，都要解决，你说是吗？那这样子的话，你修复了这一点，下一次，就离成功更近了。你怎么可以说以后再也不参加了呢？"

汉娜擦了擦眼泪，仿佛明白了什么。

下一学年的接力赛，果然，他们班拿到了久违的冠军。而汉娜，再也不怕这个体育项目了，对待任何事情，她也都懂得了，可怕的不是失败，而是因为失败，再也站不起来。

209

精彩点评

一个好的父母，在孩子失败的时候，更多是抓住机会教育她，而不是埋怨或者意兴索然。当孩子对自己灰心的时候，你也不可以对他灰心。因为这对他今后的成长，都是磨炼。如果他发现，自己失败了不仅自己灰心，还要承受父母的责难的时候，他就更加胆怯了，下次更加不会去尝试，也就更不可能成功了。

十二、"不"

艾伯特是个律师，这一天，他叫儿子麦伦去买一瓶酱油。结果，过了三个小时，他才到家，天都黑了。

他看着疲惫的儿子，叫他去厨房把酱油放下。

儿子放下酱油，说："对不起爸爸，因为我，晚饭吃得这么晚。"

艾伯特说："不，你没有晚饭吃了。"

儿子很吃惊："可是爸爸——"

艾伯特打断他："你先跟我说，你为什么这么晚才回来？"

儿子理直气壮地说："我还和你道歉，其实我都没必要和你道歉，因为我做的是一件好事。今天我刚出去，就遇到了一位老太太，她迷路了，貌似有老年痴呆症，然后她胸口有一个牌子，写了她家的地址，所以我就大发善心，去把她送回家里了，她家很远，如果没有我，那她到现在可能都没有回家。我告诉你爸爸，你不给我吃晚饭也无所谓，只要那个老太太没有饿到，我就很欣慰！"

没想到儿子最后还故意开这么一个玩笑，艾伯特无奈地笑了笑，他把怒气冲天的儿子摁到沙发上坐下，自己也坐了下来："听我说，儿子。那个老太太的胸牌，你看清楚了吗？"

麦伦很肯定："当然看清楚了！我现在都记得，那是鳟鱼街22号。"

艾伯特又问道："那么你记得那上面有没有她家里人的电话吗？"

"当然有了！家人给做的胸牌，怎么可能没有电——哦！"麦伦突然捂住了嘴巴。

艾伯特笑了："你是可以做好人，但是你要分清楚义务和责任，我要你去帮我买酱油，你答应了，这就变成了你的责任，你要送老太太回家，可是你并不是她的保姆，所以这是义务，你没有必要负责她。如果你没有帮我买酱油，那么你可以考虑送她回家，但是我并不推荐你这么做。做好事是可以，可是你要考虑到你自己的人身安全和你自己的时间。如果每个上门推销的人你都答应了，他们的业绩因为你，当然变得更好，可是你自己呢？你帮助了他们，可是你每个月要收到一份莫名的杂志，花你五十大洋，每年要花几千在你的保险上——哪怕你从来不爬山。"

艾伯特喝了一口水："而那个老太太，如果她不是个普通老太太呢？你有想过，在鳟鱼街 22 号的地方，到底会发生什么吗？也许你今天都会回不来。"

麦伦有些惊惧。

艾伯特又说："更不用说，有责任人的电话在那个胸牌上，你这个义务者傻乎乎的都没看见。"

麦伦低下头："爸爸，的确……我错了。"

艾伯特说道："其实说'不'，也是一种生活的艺术，它并不是要你去损伤别人的利益，而是在保护自己的利益的同时，选择不去履行某种没必要的义务。"

麦伦点了点头："那么……我可以吃晚饭吗……"

艾伯特："我怎么可能真的不给我的儿子吃晚饭呢？喂饱自己的孩子，可是我的责任哪。"艾伯特眨了眨眼睛，俏皮地说。

麦伦笑了起来。

精彩点评

对于孩子而言，说"不"的确是一件不容易的事情，但是从小就要培养孩子这种能够有勇气拒绝别人的能力，否则当他长大了，这点是非常难以改正的，所以从小要给孩子树立这样的观点，别人的请求，这是一种义务，而答应了之后，就会变成责任，所以要在它还是义务的时候，就拒绝，否则后面的事情会很麻烦，拒绝并不是恶意，只是一种应有的自我保护。只有善用拒绝的人，才能成真正的大事。他们的时间和效益以及人身安全，都有极大的保障。

十三、闻闻那朵小花吧

　　琳达是个绝对意义上的好学生，她在班里是个超级学霸，她的自觉性可以打败任何人，上学的路上她会背单词，中午吃饭的时候她会复习当天上午学过的知识，回家路上继续背单词，到家了却不做作业——因为在学校都做完了。马上又开始预习明天的东西。到了周末，还会复习整整一周的知识，并且自己去参加兴趣班。因为这样，她根本没时间打扮自己，也不想打扮自己，同时从来不和"狐朋狗友"鬼混在一起，也从来不出去玩耍，只有学习才能引起她的兴趣。

　　有这么一个孩子，理当是让家长非常安心和省心的。但是关琳娜却非常头疼。她跟谁这么说，也没有人信她，可是谁会知道她的烦恼呢？她也曾经是个好学生，她也是拉拉队队长，她喜欢体会各种新鲜事物，与这个世界做沟通。当她和丈夫结婚，生下了一个可爱的宝宝的时候，她最想做的事情，就是把她打扮成一个小公主，然后带她去看这个世间美丽的风景。这些事情都是在琳达没有意识的时候，才让关琳娜过了一下瘾。自从琳达开始上小学，一直到现在，高中了，琳达都没有停下学习的脚步。

　　这天，琳达一回到家中，就闻到一阵沁人心脾的香气。但她没有好奇多久，也许是母亲又买了新的香水，她打开了书本——今天有一道题，她竟然没有解出来，她要马上征服它。正在她兴致盎然的时候，一朵白色的百合出现在她的课本前，她茫然地抬头，是母亲正在微笑地看着她。

　　她拿起百合，好奇地闻了闻，不禁露出了满足的笑意："好香啊，妈妈。"
　　关琳娜说："这是我在花店买的，其实真正美丽的，是什么花你知道吗？"

琳达说："不知道，我觉得百合就已经非常好了。"

关琳娜说："没错，更好的的确是百合。"

琳达笑了："妈妈你傻了，这个就是百合啊。怎么会比百合更好的花朵，还是百合呢？"

关琳娜说："你不信，跟我来。"

被激起好奇心的琳达起身，和关琳娜来到了后院。这个院子在关琳娜的精心护理下，成长得自然而清新。只要站在里面，深深呼吸，就仿佛身处于大自然中。琳达扶了一下眼镜："每天上学的时候，我也会路过这里啊，怎么了妈妈？"

关琳娜说："今天我们不提学校，你跟我来。"

拉着琳达，关琳娜站在了一丛花朵的面前，琳达惊喜地睁大了眼睛："天哪妈妈！这百合真美！"

关琳娜说道："是不是比刚才那朵从花店买来的美丽？"

琳达点点头："不知道为什么，的确是。闻起来……香气也更自然。"

关琳娜笑了："这是因为，它生长在土地里，和所有的它的伙伴们，和大杨树，和小刺丛，和偶尔爬过的小虫子们，生活在一起。"

聪明的琳达发觉了什么："妈妈，你想和我说什么啊到底。"

关琳娜说："你现在就像你书桌上的百合，规整，美丽，香气四溢，但是你却没有这里的生气，生活不只有学习那么简单，它是一整个花园那么大，那么复杂。你难道不想知道这一切？你难道不好奇？"

琳达默然："我……我想知道，我只是，我只在学习上才有优势……越有优势，我其他的地方，就越……我就不想其他的事情了。"琳达又推了一下眼镜。

关琳娜把琳达拉进了屋里。

"我要你知道，你是个美丽的姑娘。"关琳娜把琳达自己梳的乱七八糟的马尾拆掉，给她梳了一个公主头。然后带她把脸洗了，摘掉了眼镜。看着镜子里的自己，琳达捂住了嘴。

"今天我要你出去玩，我不允许你在屋里学习。"关琳娜说道。

"可是我的题……"琳达喊道。

关琳娜打断她："我也有几年没学习了，我去看看你的题。"

琳达无奈地笑了。

琳达参加了当天班级组织的派对，大家都十分喜欢她的新造型，她生涩地和他们交流着，渐渐她体会到了融入生活的乐趣，开始大笑了起来。

琳达还是爱学习，学习好，但是比以前更快乐了。

精彩点评

爱学习是好事，但不要过量。学习时间和兴趣爱好分配均衡，这样才能拥有一个完整的生活轨迹，人也会拥有好心情，有了好心情，做什么事情，都是事半功倍的。

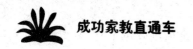

十四、你不可能一辈子跟着我

约翰逊是个职员，平时比较清闲，只要有时间，就会陪着孩子玩耍，而他的妻子露西，是一名导购，正常上下班，所以夫妻二人常常可以陪着孩子，尽量满足孩子的要求。

在这样的家庭，孩子应该是非常幸福的，他们的家庭也的确如此，和谐，欢乐。随着小詹姆斯的长大，约翰逊和露西也都升职了，约翰逊已经是公司的部门经理，而露西也成了导购总监。职位的升迁使得他们变得忙碌起来。詹姆斯也一晃十五岁了。平时和父母玩习惯了的詹姆斯，非常抗拒和朋友们出游——因为他平时和父母在一起，自己什么也不用做，一旦和年龄相当的朋友们出去，他什么也不知道，也不会做，很窘迫。

詹姆斯的怨气终于有一天发作了。他在晚饭的时候摔掉饭勺，表示如果父母继续工作而忽视他，那他就不去上学了。

面对这样的威胁，露西非常生气。然而约翰逊却笑着没说什么，继续吃着饭。詹姆斯大声喊道："我是说真的！爸爸！我真的会不去上学！"

约翰逊点点头："好啊，那你明天跟学校请个假，我带你去公司玩吧。"

詹姆斯不禁一愣——父亲，就这么接受了自己的威胁？但是为什么要去公司玩？公司有什么好玩的……可是他也默认了。因为他没想到自己这么胡闹真的会有用。

露西瞪着约翰逊，眼神仿佛在说他没有原则，但是约翰逊却趁詹姆斯没注意，对露西眨了眨眼，露西顿时明白过来，这个满肚子鬼主意的老公，一定是要趁机教育詹姆斯了。于是也安心吃饭，一时桌上安然无话。

詹姆斯第二天早早准备好了，和约翰逊一起上了车。到了爸爸的公司，他怯怯地观察着周围的一切，这里和他想的完全不一样，所有人都忙碌地跑来跑去，复印东西的复印东西，喊着发文件的人满屋子疾步走着，还有人在被领导批训。而父亲根本没时间理自己，一路和同事们打了招呼，并且向他们介绍自己的儿子，同事们都很热情，而詹姆斯却有点畏缩，尴尬地和他们打了招呼。

约翰逊到了自己的办公室，看着气呼呼的儿子，一摊手："你要玩，我带你来了，你生什么气啊。"

詹姆斯大叫道："我不喜欢这里！"

约翰逊笑道："这里怎么了？"

詹姆斯憋红了脸："我……我不知道。反正我不想在这里玩，我要去游乐园。"

约翰逊："昨天你答应我到这里玩的，你现在又说不愿意在这里玩了。你这样反悔，以后我也这么对你反悔，好不好？"

詹姆斯气急了："这里根本就不是玩耍的地方！"

约翰逊的脸色严厉起来："这正是我要告诉你的。詹姆斯，如果时间有可能倒流，我和你妈妈，在以前，每次和你出门的时候，一定不会包办所有的事情，如果连玩，你都不能自己玩，那么你看看，这是你以后也要经历的——工作，你有可能完成吗？"

詹姆斯冷静下来，他的眉毛揪在一起："我没有想过这个问题。"

约翰逊："你现在可以不想，但是再过三年，你不想也要去面对了。对不起，我和你妈妈教育失策，其实是我们不好，才让你这么不独立。"

詹姆斯一昂脖子："我没有不独立。"

约翰逊拍手："好，那么，你不是不愿意在这里待着吗？你就自己从这里回去。"

詹姆斯脸顿时涨红了："你说什么，我，我今天第一次来，我根本不认识路。"

约翰逊笑着说："可是我带你走过这条路了，你难道不用记路的吗？如果你下次要来，你怎么来？你是不是潜意识里觉得，反正我会带你？"

詹姆斯默然，点了点头。

"可是孩子，爸爸无法陪你一辈子，妈妈也不会。这你是知道的吧。你不能什么都依赖我和你妈妈。你是个男子汉，你要成为一个能够被别人依赖的人，而不是成为一个依赖别人的人。"

詹姆斯听罢，大踏步走出了约翰逊的房间。

约翰逊以为詹姆斯耍起了脾气，连忙站起来追出去。

"詹姆斯！詹姆斯！你干嘛去？"约翰逊着急地大喊。

詹姆斯向后挥挥手："回家！"

约翰逊露出了欣慰的笑容。

精彩点评

能够亲子，是一件非常好的事情，对孩子的成长非常有帮助，可是在亲子的同时，别忘了交给孩子一些小事情去办，这不仅会帮助他独立，也会给他从小树立一种"我是个有用的人"的思维习惯，对他成为一个自立、自信的人非常有帮助。所以只要孩子自己能做的事情，千万不要帮他们做了，这样不算是爱，而是一种伤害。对待孩子，不能疏于管教，也不能过分溺爱，这两者，都是不对的。对他们的成长，都会留下伤痕。

十五、你不是大预言家

艾伦是个懂事的孩子，他个性很自由，爱玩耍，功课一直是班里的中流，不太好，也不太坏。

但是艾伦的父母则都是很强势的人，他们自己事业有成，看不得艾伦整天没有成绩还逍遥自在的样子。所以他们经常数落艾伦。艾伦被他们数落得有点烦的时候，就会到外面去玩耍。而他玩耍回来，还是会被父母数落。

一天，艾伦又在外面很久才回来，他很开心，手里拿着一盆绿色植物。艾伦的父亲已经气呼呼地在家里等了很久了，他一看到艾伦回来，还带着那么快乐的笑容，一下子气不打一处来。

"艾伦！你给我过来！"他喊道。

艾伦一愣，他不知道发生了什么。

"你作业做完了没有？"父亲喊道。

艾伦点点头："做完了呀。"

"你作业做完了你就可以到处玩儿了？你为什么不复习功课？"父亲继续问。

艾伦无奈："我都复习完了。"

"那你为什么不预习呢？"父亲又问。

艾伦说："我也预习了。"

"那为什么，你告诉我，为什么你的成绩还是那么差？"父亲生气。

艾伦嗫嚅着："我……我并不差。"

父亲拿出他的成绩单，指着问他："告诉我，这样的成绩，你能说它好吗？"

艾伦没有说话，他脸上的笑容消失得无影无踪。

父亲看到他不说话了，又看到他手里一直捧着的绿色植物，一把抓过来砸在了地上，绿色植物的盆当即碎裂，里面的土撒了一地。而绿色植物的根系暴露在外。

"你还整天跑出去，玩儿这些没出息的东西！"父亲喊着。

艾伦的眼泪掉了下来，他蹲下去，想要把植物拿出来重新种。

父亲看到他这副样子，实在没法生气，他只说了一句："你再这么继续下去，以后肯定没出息。"

艾伦看了父亲一眼，眼神冰冷。

父亲被看得莫名其妙。

艾伦睡了，他把植物种在一个不起眼的盆里，然后带着泪痕睡觉了。

这时候，艾伦的母亲在客厅发现了艾伦不小心落在桌子上面的一个本子。

她翻了两眼，发现这是艾伦的日记，日记中写道，父母总是对他不满意，总是想要他更好，可是他想要上的学校，并不是什么理工大学，他希望自己平平凡凡的生活，希望以后可以出去旅游，没什么钱也无所谓，只要自由就好。但是父母却总是预言自己，说自己以后不会好。怎么会有人这么说呢？怎么会是自己的父母，却这么说自己呢？这不是预言，这是诅咒，这是在诅咒自己，不按照他们的想法活下去，就没有好报应。

这一篇是之前的了，她继续往后翻，今天最新的一篇写的是，今天老师留了作业，希望我们种下喜欢的花朵，送给父母，我一定要种的一种最漂亮的花，等它长大，送给他们，他们一定会很开心吧！

艾伦的母亲眼中蓄满了泪水。她叫来父亲，给他看了这篇日记。二人都沉默了，他们坐在客厅，许久没有说话。

第二天，艾伦去上学之前，被父亲叫住。

"艾伦，今天出去玩不要玩太久啊，早点回来。"父亲说。

艾伦很惊讶："你不是不让我……"

父亲笑着："你还小呢，出去玩玩对身体也好，作业做完，功课做完就可以出去玩。等你大了，我们带你去旅游。"

艾伦有些茫然，但露出了快乐的笑容。

精彩点评

　　艾伦的烦恼，很多孩子都有。很多父母，因为"为孩子考虑了很多将来可能有的状况"，经常会在气急的时候，预言孩子的未来一定不好，以此督促孩子，希望他们能够按照自己希望的去努力奋斗拼搏。可是他们没有想到，这样的话对于孩子来说，根本不算是祝福，而是一种完完全全的打击自信。孩子不仅不想要奋斗，反而会更加反感家长，反感学习。所以停下这样的做法吧，如果自己做的事情，不能达到自己的愿望，反而有反效果，还是趁早别这么做了，这样的话，就算不想着孩子好，至少对自己也好。总不会有人想让孩子更讨厌学习的，对吧。

十六、不信任是毒药

朱莉在一家药店上班，她的儿子吉姆最近放假了，她知道吉姆最爱玩游戏，于是将电脑设置了密码，然后才安心上班。她叮嘱吉姆，在家不要玩游戏，要好好学习，早点把作业写完。吉姆答应了。

朱莉晚上回到家中的时候，吉姆正在看电视，她悄悄溜进书房，看了一下电脑，没有问题。她非常开心，做了一顿大餐给吉姆吃。母子二人非常快乐。

但是第二天，朱莉回到家的时候，她发现电脑的鼠标似乎动过位置了，于是她找来了吉姆。

"吉姆，你今天是不是玩电脑了？"朱莉问他。

吉姆很茫然："我没有啊。"

朱莉表情严肃："别撒谎，玩了就是玩了，我也不会怎样。诚实地告诉妈妈，你是不是玩过电脑了？"

吉姆很震惊："你既然不相信我，那你还问我干什么？你一定要我冤枉自己然后说'我玩过了'，这样你才高兴吗？"

朱莉一脸精明："别跟我说这种话打马虎眼，你看，我走的时候做好了标记，这个鼠标，被动过了，你还有什么话说？"

吉姆笑了："你居然做标记。我来这里找过东西。"

朱莉抱着双臂："哦？你来书房，找东西？你找什么？"

吉姆走回卧室，拿了一本《战后》过来："这个，我找了这个去看，我的一篇论文，要用到。"

朱莉不屑地笑了："继续编。"

吉姆无奈："你不信我，那你根本就不用管我说什么话，难道不是吗？如果你觉得我就是玩过了，那你就那么觉得吧，你不用让我一定要承认，我承认不承认，你都觉得我玩过电脑。"

朱莉很愤怒："我需要你承认，因为我要让你改掉玩电脑这个毛病！"

吉姆也生气了："你说什么？你说我玩电脑算是毛病？玩电脑益智，少量的电脑游戏，对大脑发育有好处，你不看杂志的吗？"

朱莉大叫："你看，你就是玩过了，你还不承认。"

吉姆无力地说道："算了，我跟你说不通，这样，我打开电脑，给你看，如果今天这台电脑启动过的话，会有记录的。"

朱莉冷笑着看着吉姆。吉姆启动电脑，发现被设置了密码。

"这……怎么会有密码。"吉姆说。

朱莉说："我为了防止你玩游戏，设置的，看来也没用了，你肯定已经破译了密码。你不要跟我演戏，玩了就是玩了，很简单的一件事情，我其实也可以给你一段时间玩，你就是承认错误，这样就够了。"

吉姆大怒了，他喊叫着，他的眼睛开始蒙上屈辱的水雾："简单的事情！你要我承认我没有做过的事情，我承认不了！你就是一辈子不让我玩游戏，我也不会承认的！我不认为我玩游戏是不对的事情，但是没有玩就是没有玩，事实就是事实！你这样冤枉我，是在侮辱我！"

朱莉却笑了："哎哟我的好儿子，你怎么恼了，算了算了，我啊，给你把密码解了，你以后随便玩，我不管你了，好吗？"

吉姆的眼泪流了出来。

这时候，一个邻居突然敲门，朱莉走过去开门。发现是宾斯太太。

宾斯太太说："哦，你们家来电了吗？"

朱莉说："什么？"

宾斯太太说："哦，是这样，今天我们小区停电一天，据说到晚上五点才来，我看着现在都五点了，我家的电还没来，我来问问你们，有没有电呢？"

朱莉说："哦，我们家已经来电了，大概您走过来的这一会，您家的电也到了吧。"

朱莉关上门，抱歉地对吉姆说："对不起。"

然而吉姆冷冷地走回房中，房门"嘭"地一声，关闭了。

精彩点评

被误会的伤痕，是愈合不了的，即使在他长大成人之后，回想起这个场面，也是一块心头恨。可以说给别人留下不可信任的印象是每个人自己的错误，然而作为家人，如果没有一点信任，如果连别人辩解了也依旧采取不信任的态度，那么被伤害的，不仅是孩子本人，还有你们之间亲密的母子或者父子关系。